À Monsieur le Directeur
du bureau de la censure, au
Pont-de-Beauvoisin (France)

hommage de l'auteur.

G. v. Naz

LE ROI VICTOR-EMMANUEL II

ET L'AUTRICHE

DEVANT L'EUROPE.

LE ROI
VICTOR-EMMANUEL II
ET L'AUTRICHE
DEVANT L'EUROPE

Considérations historiques, politiques et légales
EN FAVEUR DE L'ANNEXION
DU DUCHÉ DE PARME, DU MODENAIS ET DE LA TOSCANE
AU ROYAUME DE SARDAIGNE.

> Forti per la concordia, fidenti nel nostro buon diritto, aspettiamo prudenti e decisi i decreti della Divina Provvidenza. *(Discours du roi Victor-Emmanuel à l'ouverture des Chambres législatives le 10 janvier 1859.)*

PARIS,	TURIN,
E. Dentu, libraire,	Bocca frères.
Palais-Royal, galerie d'Orléans, 13.	CHAMBÉRY,
LYON,	Perrin,
Vº Baron, rue Puits-Guillot,	Beaudet, } rue des Portiques.
galerie du Grand-Théâtre.	Lajoue, place Saint-Leger.

PROPRIÉTÉ DE L'AUTEUR.

Chambéry, imprimerie du Gouvernement.

AVANT-PROPOS.

> Forts de notre union, confiants dans notre bon droit, attendons avec prudence et résolution les décrets de la Divine Providence.
> (*Discours du roi Victor-Emmanuel à l'ouverture de la session des Chambres législatives le 10 janvier 1859.*)

Lorsqu'on vit, au printemps dernier, l'étendard fortuné des Napoléons s'unir contre l'Autriche à la croix blanche de Savoie et au drapeau tricolore italien, de grandes et bien légitimes espérances furent conçues.

En envahissant le Piémont, pour obéir aux ordres du jeune empereur leur maître, les généraux autrichiens avaient rompu les premiers ce lien d'honneur devant lequel le roi Victor-Emmanuel s'inclinait depuis bientôt dix ans, par respect pour la foi due au traité de Milan du 6 août 1849.

Dès lors, ce monarque, jeune aussi, mais loyal, chevaleresque et guerrier, vit avec joie briller devant ses yeux tous les fleurons de cette antique couronne de fer dévolue à ses ancêtres près d'un siècle et demi auparavant. Il les vit, non point comme Charles-Albert son magnanime père, en forme de mirage décevant, mais suspendus à la pointe de la vieille et noble épée, léguée à sa famille, comme une tradition de bravoure, par l'immortel Comte-Vert. Et cette perspective attrayante faisait bouillonner dans ses veines le sang du vainqueur de St-Quentin et de tant d'autres héros dont les victoires avaient déjà porté si haut le renom de vaillance des princes de Savoie.

De son côté, l'aigle impériale de France, sa nouvelle alliée, avait juré d'étreindre dans ses serres, sinon de broyer sous les coups de son foudre, tous les ennemis de la cause italienne. Puis, en offrant généreusement un abri sous ses ailes à la royale Maison de Savoie, elle avait promis de la défendre, au prix de son sang, contre toute nouvelle atteinte au libre exercice de ses droits. Et en s'érigeant ainsi, avec franchise et courage, en redresseur des torts causés par l'injustice et la déloyauté de certains potentats, le nouvel empire français avait assuré le triomphe de ses armes, dont l'indépendance italienne devait être une conséquence.

Fort donc de cet appui, et marchant fièrement à la tête de ses cohortes, le roi Victor-Emmanuel s'avança bravement à la conquête de la Lombardie, usurpée par l'empire d'Allemagne au préjudice de sa famille, et dont les populations avaient si unanimement rendu la souveraineté à son père en 1848. Et son cœur de patriote et de guerrier ne brûla plus que d'une aspiration, celle de voir poindre bientôt l'aurore du grand jour où, glorieux triomphateur, il reviendrait à Monza, acclamé par des hymnes de victoire et des chants d'allégresse, faire poser sur sa tête par les Italiens eux-mêmes, libres alors et tout à fait indépendants, ce diadème de fer objet de convoitises si légitimes et destiné à devenir sur son front l'emblème de la délivrance de sa patrie.

Mais un fâcheux concours d'événements imprévus ne tarda pas, hélas! à jeter un voile sur ce brillant avenir. En signant à Villafranca, dès le 11 juillet, les préliminaires de la paix, l'empereur Napoléon III était obligé de laisser à l'Autriche toute la Vénétie et cette partie de la Lombardie qui s'étend au-delà du Mincio. De plus, il s'obligeait à concourir, mais autrement qu'en employant la force, à la restauration des archiducs à Modène et à Florence. C'était porter ombrage à l'indépendance des populations de ces pays, qui s'étaient déjà proclamées libres et s'apprêtaient à poser solennellement elles-mêmes les bases de leurs futures destinées politiques. Le peuple du duché de Parme et Plaisance eut seul la satisfaction de ne voir dans ces préliminaires aucune disposition attentatoire à ses vœux déjà manifestés onze ans auparavant. Un peu plus tard, cependant, son sort fut aussi jeté dans l'arène périlleuse des discussions diplomatiques. Car, en confirmant à Zurich la convention de Villafranca, les deux empereurs ajoutèrent aux réserves déjà faites en faveur des archiducs, une clause analogue concernant la duchesse de Parme (1).

Maintenant, doit-on, à cause de ces stipulations, désespérer de voir le territoire des Etats-Sardes s'agrandir autrement que par l'annexion des provinces lombardes résultant des cessions déjà consenties? C'est une question fort délicate, il est vrai, mais nous n'hésitons pas à y répondre négativement et pour plusieurs motifs.

D'abord, une simple clause de réserve n'est pas une décision. Ce n'est pas même l'affirmation d'un parti pris irrévocablement, puisqu'elle implique et nécessite la discussion. Et le gouvernement français a adopté lui-même cet avis, en insinuant, dans sa note insérée au Moniteur du 9 septembre, qu'il n'était pas impossible d'amener l'empereur d'Autriche *à adopter des combinaisons plus en rapport avec les vœux manifestés par les duchés de Parme et de Modène.* En outre, l'empereur Napoléon a aussi professé directement cette opinion en déclarant, le 20 octobre, dans sa lettre au roi de Sardaigne, publiée en premier lieu par le *Times*, qu'il demanderait dans le sein du congrès que Parme et Plaisance soient unis au Piémont et que la duchesse de Parme soit appelée au trône de Modène.

---

(1) Le contenu des traités de Zurich n'était encore connu du public, au moment où cet écrit a été mis sous presse, que par la note-circulaire de M. le comte Walewski publiée dans le Moniteur du 11 novembre 1859.

XI

En second lieu, l'engagement pris par la France est très limité. Il se borne à l'emploi de voies pacifiques, c'est-à-dire à des conseils, à des négociations et autres moyens analogues ; et il exclut toute intervention armée. Or, si, après avoir tout essayé, tout tenté, ses efforts sont inutiles ; si, au lieu d'aboutir au résultat qu'elle désire, ses démarches ne font qu'exciter davantage les Toscans et les Modenais à travailler à la réalisation de leurs vœux, comme on en a vu un récent exemple dans le vote conférant la régence au prince de Carignan, continuera-t-elle indéfiniment d'être engagée à la restauration des archiducs? Il serait souverainement déraisonnable de le prétendre. Et quand elle aura fait tout ce qu'elle pouvait faire, s'il est reconnu que cette restauration n'est pas possible sans recourir à la force, il est incontestable qu'elle aura rempli sa promesse et qu'elle sera dégagée. A l'impossible nul n'est tenu. Rien ne l'empêchera donc alors de changer sa tactique, et, pour obéir à des principes d'un autre ordre, de sanctionner, comme grande puissance intéressée à rétablir l'ordre, l'autorité des faits accomplis dans les duchés. Surtout qu'elle n'a pas promis de rendre leur couronne aux dynasties déchues, mais seulement de les aider pacifiquement à les recouvrer.

Enfin, « les traités qui lient les gouvernements sont « les lois internationales des peuples, ils ne seraient « invariables que si le monde était immobile.

« Si les traités qui doivent protéger la sécurité de « l'Europe la mettent en danger, c'est qu'ils ne ré-

« pondent plus aux nécessités ou aux besoins qui les
« ont dictés. La sagesse politique conseille alors de
« leur substituer autre chose.

« Une puissance qui se retrancherait derrière des
« traités pour résister à des modifications réclamées
« par le sentiment général, aurait pour elle, sans
« doute, le droit écrit, mais elle aurait contre elle le
« droit moral et la conscience universelle (1). »

Donc, si la restauration des archiducs, promise par
le traité du 11 juillet 1859, parce qu'à cette époque
les deux empereurs ne la jugeaient pas incompatible
avec le retour de l'ordre et de la tranquillité, est devenue dès lors, et surtout depuis les votes de déchéance et les autres actes accomplis dans les duchés
pour arriver à une fusion complète avec le Piémont,
« non-seulement une cause de souffrance pour ces pays,
« mais encore une source d'inquiétude, de malaise et
« peut-être de révolution pour l'Europe, la lettre du
« traité serait vainement invoquée : elle ne pourrait
« pas tenir contre la nécessité de la politique et l'in-
« térêt de l'ordre européen (2). »

Ainsi, l'acte de Villafranca n'est pas un obstacle
aussi sérieux qu'on aurait pu le croire. Et l'on peut
toujours, sans témérité, espérer avec confiance que
les représentants des divers gouvernements appelés au
congrès seront convaincus par une contenance ferme,

---

(1) *L'empereur Napoléon III et l'Italie*, § 16.

(2) Ibidem.

digne et résolue de la part des Toscans, des Parmesans et des Modenais, et par d'autres puissants motifs d'intérêt public, de hautes convenances politiques et d'équité, que le seul moyen de vider convenablement la question des attributions de territoires dans la péninsule, consiste à céder devant la force des événements, et à placer une bonne fois tous ces peuples sous le sceptre, par eux choisi, du roi Victor-Emmanuel.

C'est pour préparer la voie qui conduit à ce résultat et afin d'élucider quelques-unes des questions ardues et obscures dont l'examen pourrait être nécessaire avant de résoudre les difficultés que présente l'arrangement définitif des affaires d'Italie, que ces lignes ont été publiées. Méditées avec calme, dans le silence du cabinet, et écrites sans passion, nous souhaitons ardemment qu'elles atteignent leur but.

On verra, en les parcourant, que si, à l'exemple de son père, le roi Victor-Emmanuel II a cherché à étendre les limites de ses États au préjudice des possessions italiennes de la Maison de Habsbourg-Lorraine, ce n'est point par ambition, comme on l'en a si injustement accusé, mais simplement pour revendiquer des droits très régulièrement acquis. Et la démonstration de cette vérité aura en même temps l'avantage d'éveiller un peu l'attention du monde politique et d'éclairer la conscience publique sur la valeur réelle des prétendus droits que la Maison d'Autriche invoque à tout propos, dans son intérêt, chaque fois qu'elle est appelée à siéger, comme grande puissance, dans les conseils de l'Europe. Car, à la veille d'un congrès où elle sera représentée, il importait de mettre à jour certains traits caractéristiques de sa morale politique, et de faire connaître que bien souvent ce qu'elle appelle *ses droits* n'est que le fruit de l'usurpation et de la mauvaise foi.

On verra en outre que, si après avoir obtenu la Lombardie jusqu'au Mincio, province dont la souveraineté lui compétait déjà *de droit*, le roi de Sardaigne réclame encore dans le congrès le Parmesan, le Plaisantin, Modène et la Toscane, comme il a promis de le faire aux députations des représentants de ces duchés, c'est qu'il y est fondé à plus d'un titre. En effet, ses prétentions à cet égard sont solidement basées sous le double point de vue du *droit des souverains* et du *droit des peuples*. L'application des principes de l'ancien et du nouveau droit des gens concourant ainsi avec la même efficacité pour appuyer ses réclamations.

On verra enfin, en envisageant la question sous d'autres rapports encore, que, dans tous les cas, l'annexion des trois duchés dont il s'agit aux anciens Etats de la Maison de Savoie, est la seule solution susceptible de satisfaire à la fois l'intérêt des populations de ces duchés et celui du reste de l'Europe. Elle seule, en effet, peut offrir un gage assuré du rétablissement et du maintien de l'ordre, de la sécurité et de la paix. Et elle ne contrarie aucun des grands principes politiques qu'on a coutume d'invoquer en discutant et en réglant les hauts intérêts des princes, des peuples et des gouvernements entre eux.

On aurait désiré éviter au lecteur la discussion de certaines questions de droit peu propres à captiver l'intérêt. Mais bien des raisonnements auraient alors perdu de leur force. Du reste, chaque fois qu'il a fallu recourir à ce moyen de persuasion, qui est en définitive pour l'intelligence humaine l'*ultima ratio* de toute décision, on a eu soin d'employer un langage très simple et à la portée de tous les esprits. Et si l'on a dû, à ce propos, recourir même aux anciennes maximes qui régissaient les fiefs, ce n'est certes point pour ramener les dissertations politiques sur le terrain décrépit du vieux droit féodal, mais parce qu'il n'était pas possible de faire autrement sans abandonner la ligne du vrai, sans voguer à la dérive. La raison exige en effet, c'est une règle admise partout, que pour apprécier équitablement le mérite et la valeur d'un titre ou d'un droit, on se reporte à l'époque où il a pris naissance, et qu'on en suive ensuite les différentes phases par relation aux lois alors en vigueur. Donc, pour déterminer le véritable caractère et apprécier toute la portée de certains actes et de certains faits remontant au siècle dernier, c'est-à-dire à une époque où les lois féodales régissaient encore seules la matière, il était indispensable d'invoquer ces lois.

Et si parfois la narration des événements a été reprise de plus haut, on en comprendra aisément la raison quand on arrivera aux conclusions qui en ont été tirées. D'ailleurs, au moment où la Maison d'Autriche va réclamer l'appui moral des gouvernements pour faire replacer ses archiducs sur leurs trônes, il était à propos de dévoiler la véritable source de sa puissance et de sa suprématie en Italie, afin qu'on pût régler en conséquence le degré d'intérêt qu'on lui accordera. Et d'un autre côté, il fallait exposer fidèlement aussi tous les droits que la Maison de Savoie peut faire valoir pour mieux combattre à son profit chacune des prétentions de sa puissante rivale.

20 novembre 1859.

G. N..

LE ROI VICTOR-EMMANUEL II
ET L'AUTRICHE
DEVANT L'EUROPE.

CHAPITRE Ier.

Notions historiques. — La Maison de Savoie est appelée à la succession du duché de Milan et de ses dépendances. — Cette succession est usurpée par la Maison d'Autriche. — Vaines tentatives des rois de Sardaigne pour la recouvrer.

Après avoir subi, pendant vingt années successives, toutes les conséquences désastreuses des guerres si sanglantes dont Louis XII et François Ier avaient allumé le flambeau en Italie au commencement du 16e siècle, le duché de Milan, qui formait alors le plus important des fiefs de l'empire d'Allemagne dans la péninsule ausonienne, rentra en 1521 sous la domination des Sforze ses anciens seigneurs, dont le duc François II était le dernier rejeton dans la ligne masculine.

Environ quinze ans plus tard, le 24 octobre 1535, par suite de la mort de ce prince sans descendants mâles, ce duché fut dévolu de plein droit à l'empereur

Charles-Quint, qui en donna l'investiture en 1540 à son fils Philippe, connu ensuite dans l'histoire sous le nom de Philippe II, roi d'Espagne.

Le principal motif qui poussa l'empereur à agir de la sorte, fut, comme il le dit lui-même, la nécessité d'assurer enfin la paix à l'Italie en confiant le gouvernement du Milanais et des autres provinces qui en dépendaient, à un prince assez puissant pour conserver à l'avenir et défendre au besoin dans ce pays les droits de l'empire et les siens propres. Aussi, toujours mu par cette idée, dont les calamités qui venaient d'affliger récemment la Lombardie démontraient assez la justesse et l'à-propos : et désireux en outre d'empêcher pour toujours le retour de semblables malheurs en prévenant de son mieux toutes dissensions entre les successeurs du prince Philippe, il régla, par un diplôme ou édit impérial signé à Bruxelles le 12 décembre 1549, l'ordre à suivre entre les descendants de Philippe II dans la succession de ce dernier à la souveraineté de l'Etat de Milan.

Ce diplôme ou édit de Charles-Quint a été formellement reconnu, approuvé et confirmé dans la suite par les divers chefs de l'empire d'Allemagne et notamment en 1564 par Ferdinand Ier, en 1565 par Maximilien II, en 1579 et en 1604 par Rodolphe II, en 1613 par Matthias, en 1621 par Ferdinand II, en 1638 par Ferdinand III et en 1659, le 9 août, par Léopold Ier dont le règne se prolongea jusqu'en 1705, époque où il avait déjà immolé à son ambition le respect dû à la foi jurée et aux volontés de Charles-Quint.

L'empereur, par l'édit précité, appelait à la succession du duché de Milan, des comtés de Pavie et d'Anglerie, avec tous les droits et appartenances de ces Etats, en premier lieu les fils de Philippe II et leurs descendants mâles par ordre de primogéniture jusqu'à l'infini ; et en second lieu, en cas d'extinction de la ligne masculine, les filles du même Philippe II aussi par ordre de primogéniture, et leurs enfants mâles dans le même ordre. C'est du moins ce qui résulte clairement du texte même de cet acte important puisqu'il y est dit : « C'est pourquoi, de notre propre mou-
« vement, non par erreur et imprévoyance, mais de
« propos bien délibéré, ensuite d'avis conforme émis,
« après sain et mûr examen, par les grands dignitaires
« de notre Etat, vassaux du Saint-Empire, et du con-
« sentement de notre très cher fils le sérénissime
« prince Philippe : par un effet de notre volonté, et
« de la plénitude de notre pouvoir, en vertu de ces
« Lettres Nous décrétons, ordonnons et statuons par
« le présent Edit Impérial, valable à perpétuité, que
« dans les susdits Etat et souveraineté de Milan, comtés
« de Pavie et d'Anglerie avec tous leurs droits et ap-
« partenances dorénavant et dès à présent comme
« dans les temps à venir et à perpétuité succède et
« doive succéder l'enfant mâle légitime et premier-né
« issu de notre susdit sérénissime fils le prince d'Espa-
« gne, puis le fils aîné légitime de ce même premier-né
« mâle, et ainsi de suite de premier-né mâle à premier-
« né mâle en descendant, jusques à l'infini.

« A défaut des premiers-nés mâles, succédera et de-

« vra succéder dans les mêmes duché et Etat de Milan,
« comtés de Pavie et d'Anglerie avec leurs apparte-
« nances, le second fils légitime et de celui-ci le premier-
« né mâle et ses descendants premiers-nés mâles jus-
« qu'à l'infini pendant qu'il en existera ; il en sera de
« même des 3mo et 4mo nés mâles mais en suivant et
« conservant toujours l'ordre de primogéniture.

« En cas d'extinction de la ligne masculine, succé-
« dera et devra succéder dans la dite souveraineté de
« Milan et les comtés de Pavie et d'Anglerie avec leurs
« appartenances, la fille première-née et son premier-
« né mâle, puis les descendants mâles de celui-ci dans
« l'ordre plus haut fixé jusqu'à l'infini, et la même loi
« et le même ordre de succession seront appliqués et
« observés quant aux filles secondes, 3mes et 4mes nées
« et leurs descendants 1ers nés, en sorte que d'autres
« fils ou filles ne puissent prétendre à aucun droit sur
« les dits duché et comtés, etc..... (1) »

Ce sage règlement de succession ne fut rigoureuse-
ment suivi et religieusement observé que dans sa première partie, c'est-à-dire pendant que dura la descendance masculine de Philippe II. Ainsi, ce prince laissa
la couronne ducale du Milanais à son fils Philippe III,
puis elle échut successivement à Philippe IV et à
Charles II.

A la mort de ce dernier monarque, arrivée en 1700,
la branche masculine des descendants de Philippe II

---

(1) Le texte original du diplôme, rédigé en langue latine, a
été inséré en entier à la fin du présent livre parmi les titres et
documents justificatifs.

se trouvant éteinte, il fallut recourir à la ligne féminine. C'est alors que la Maison de Savoie, représentée par son chef le duc Victor-Amédée II, commença à avoir des droits incontestables sur l'Etat de Milan et ses dépendances, ainsi qu'on le démontrera bientôt. Mais, nonobstant la justice de ses prétentions, le droit du plus fort prévalut, sans cependant recourir à la voie des armes, et l'empereur Léopold Ier, autre prétendant, s'empara lui-même directement et de sa propre autorité, du duché de Milan, dont il transmit la possession à ses héritiers de la couronne impériale. Ceux-ci, malgré les différentes guerres qui ensanglantèrent l'Italie durant la première moitié du 18me siècle, conservèrent, presque intacte, cette possession jusqu'à la guerre qui vient de finir, sauf pendant une portion du temps que durèrent les guerres pour la succession d'Espagne, de Pologne et d'Autriche, puis pendant la durée de la domination française à la fin du dernier siècle et au commencement de celui-ci, et encore pendant l'occupation d'une partie du royaume Lombardo-Vénitien par le roi de Sardaigne en 1848.

Ainsi fut déjoué le projet si sagement conçu et si habilement élaboré par Charles-Quint de rendre impossible à l'avenir toute dissension entre les descendants de son fils Philippe à l'occasion du Milanais !

Ainsi furent indignement violés et foulés aux pieds les décrets de ce grand et puissant monarque ! Et le violateur de ses volontés fut celui-là même qui, 44 ans auparavant, le 9 août 1659, à l'occasion de l'acte de confirmation déjà cité, avait solennellement juré à la face de tout son empire, d'en être le très fidèle observateur.

Pour bien se convaincre de la légitimité des prétentions de Victor-Amédée II, il suffit de se rappeler la généalogie des descendants de Philippe II. Ce prince n'avait eu qu'un fils, Philippe III, et deux filles : Elisabeth-Claire-Eugénie, qui fut mariée à Albert d'Autriche et décéda sans postérité, puis Catherine, qui épousa Charles-Emmanuel Ier, duc de Savoie, père de Victor-Amédée Ier, aïeul de Victor-Amédée II.

On voit clairement, en appliquant à cette descendance l'ordre fixé et établi par Charles-Quint, que les seuls ayant droit à la couronne ducale devenue vacante par l'extinction de la branche masculine en la personne de Charles II, étaient bien les fils de Catherine et de Charles-Emmanuel Ier dans l'ordre de primogéniture. Or, le fils aîné de ceux-ci, qui était le prince Philippe-Emmanuel, étant mort à Valladolid, avant d'avoir atteint sa 19me année et sans postérité (1), son

(1) L'auteur du livre intitulé : *Intérêts et maximes des princes et des Etats souverains* (Cologne 1684), et plus tard l'illustre Pompéo Litta, dans son histoire de la Maison de Savoie, racontent que Philippe II, dans le contrat de mariage de sa fille Catherine avec Charles-Emmanuel Ier, avait promis le duché de Milan au fils aîné de ce dernier prince. Le premier de ces auteurs ajoute ensuite que le duc de Lerme, favori du roi d'Espagne, fit empoisonner les deux fils de Catherine que le duc de Savoie avait envoyés à la cour de son beau père à la sollicitation de celui-ci, mais que l'aîné seul mourut. Puis tous deux expliquent, que par le fait de cette mort le cabinet espagnol se déclara délié de l'obligation portée par le contrat dotal. D'un autre côté,

— 7 —

droit d'aînesse avait passé sur la tête du plus âgé de ses frères, c'est-à-dire du duc Victor-Amédée Ier (1), et celui-ci ayant eu pour fils aîné le prince François-Hyacinthe, mort à l'âge de 6 ans et 20 jours, et conséquemment sans postérité, c'est en la personne de Charles-Emmanuel II, son 2me fils, mort en 1675, que dut se trouver alors le représentant naturel et légitime de la branche masculine de la famille ; puis, comme le premier-né mâle de Charles-Emmanuel II fut Victor-Amédée II, né le 14 mai 1666 et mort le 30 octobre

l'un des fils de M. le comte Antoine Casati, aujourd'hui ministre de l'instruction publique à Turin, dans son remarquable et précieux ouvrage faisant partie de la bibliothèque des communes italiennes et ayant pour titre : *Milano e i principi di Savoya* (1re édition, chap. II, § II, note 3me), affirme qu'il n'est fait mention de cette promesse ni dans les conventions matrimoniales elles-mêmes ni dans Guichenon. Il est donc à présumer qu'il y a eu erreur de la part des auteurs qui ont admis l'existence d'une semblable clause. Ils auront vu dans les écrits de quelques historiens, comme cela est en réalité, que les droits de la Maison de Savoie sur le Milanais prenaient leur source dans l'union du fils aîné d'Emmanuel-Philibert avec la fille de Philippe II, et sans avoir cherché à se rendre raison de cette circonstance, ils auront confondu le fait même de cette alliance avec le contrat de mariage. D'ailleurs ce contrat fut aussi une source de querelles entre les Maisons de Savoie et d'Autriche.

(1) On sait que le droit d'aînesse, surtout en matière féodale, se réglait à l'époque du décès des ascendants : qu'ainsi, c'était à celui des enfants mâles qui se trouvait à cette époque le plus âgé de tous les enfants encore existants, que la loi attribuait la qualité et les droits de fils aîné bien qu'il ne fût pas né le premier.

1732, un peu plus de deux ans après son abdication, il s'ensuit que c'était bien réellement et incontestablement ce dernier prince qui devait en 1700, au décès du roi Charles II, dernier rejeton de la descendance masculine de Philippe II, être appelé à la succession de la couronne des anciens ducs de Milan (1).

Pour mieux faire ressortir encore la justice et le fondement des droits du duc de Savoie, il suffit de les comparer aux prétentions émises par l'empereur Léopold Ier pour justifier son usurpation. C'est ce que l'on va faire.

Philippe II, roi d'Espagne, n'avait eu, comme on l'a dit, que trois enfants : 1° Elisabeth-Claire-Eugénie, mariée avec Albert d'Autriche et morte sans postérité ; 2° Catherine, dont on vient de faire connaître la descendance masculine jusqu'à Victor-Amédée II inclusivement ; et 3° enfin Philippe III, qui monta sur le trône d'Espagne en 1598 à la mort de son père. Or, Philippe III n'a eu également que trois enfants dont deux filles : 1° Marie, qui épousa l'empereur Ferdinand III, père de Léopold Ier ; 2° Anne, qui épousa Louis XIII, roi de France ; et 3° Philippe IV qui lui succéda en 1621 et qui n'eut d'autres descendants directs que : 1° Charles II décédé en 1700 sans postérité, après avoir régné dès 1665 ; et 2° Marie-Thérèse, qui devint plus tard reine de France en épousant Louis XIV.

On voit par-là, que c'est comme descendant mâle

---

(1) Voir l'arbre généalogique qui se trouve à la fin de cet ouvrage.

d'une petite-fille de Philippe II, premier investi du fief de Milan, que Léopold Ier s'est emparé du domaine utile de ce fief. Il est cependant bien évident qu'il ne lui revenait pas, puisque ce n'étaient que les descendants mâles des filles de Philippe II, et non point de Philippe III encore dans le néant en 1549, que Charles-Quint avait appelés à succéder en cas d'extinction de la ligne masculine du même Philippe II.

Et dès que Léopold Ier ne pouvait prendre possession du Milanais par droit de succession, il n'était fondé à le faire à aucun autre titre. Bien plus, en le faisant, il a violé doublement les lois fondamentales de son empire. En effet, outre qu'il contrevenait formellement au dispositif de l'édit, *valable à perpétuité,* publié par Charles-Quint et sanctionné par l'approbation de tous les empereurs qui lui avaient succédé jusqu'alors, y compris Léopold lui-même, il enfreignait encore manifestement et ouvertement cet autre statut général qui obligeait les empereurs à toujours donner l'investiture des fiefs soumis à leur haute suzeraineté, afin de les empêcher d'envahir peu à peu toutes les mouvances de leurs couronnes.

Mais ce n'est pas tout : la Providence, dont les desseins sont souvent impénétrables, a voulu, 40 ans plus tard, ménager encore en faveur de la Maison royale de Savoie un droit de plus au préjudice de celle d'Autriche, en n'accordant pas d'héritiers mâles aux deux fils et successeurs de Léopold Ier, c'est-à-dire à Joseph Ier et à Charles VI.

De fait, ils ne laissèrent l'un et l'autre que deux filles ; et l'histoire nous apprend que sans le dévouement héroïque et les sacrifices sans bornes du roi de Sardaigne, qu'un fatal aveuglement avait rallié à la cause de Marie-Thérèse, le courage des fidèles Hongrois n'aurait pas suffi pour replacer la couronne impériale sur la tête de cette princesse : qu'ainsi, malgré la *Pragmatique-sanction*, qui faillit être réduite à l'état de lettre morte, l'illustre fille de Charles VI et ses descendants auraient été condamnés pour toujours à échanger le trône d'un vaste et puissant empire contre celui bien plus modeste du grand-duché de Toscane (1).

(1) Après la mort d'Auguste II, en 1733, le beau-père de Louis XV, Stanislas Leczinski, quoiqu'il eût abdiqué en 1709, fut élu de nouveau roi de Pologne comme en 1704. L'empereur Charles VI, mécontent de ce choix, fit faire une nouvelle élection, appuyée par ses armes et celles de la Russie, en faveur de Frédéric-Auguste, électeur de Saxe, fils du roi défunt, et qui était devenu son neveu en épousant la fille aînée de l'empereur Joseph I. Une guerre s'ensuivit en Italie et sur le Rhin entre les deux empires du nord d'une part, et la France, l'Espagne et la Sardaigne d'autre part.

Après la conquête du Milanais au profit du roi de Sardaigne et les victoires de Parme et de Guastalla, cette guerre aboutit, dès 1735, à une suspension des hostilités, puis intervint un traité de paix définitif qui fut signé à Vienne en 1738.

Par ce traité, Stanislas Leczinski ayant renoncé au trône de Pologne en faveur de son rival, on lui donna en compensation la Lorraine, dont la souveraineté devait échoir, après sa mort, à la couronne de France. Et le duc de Lorraine François-Etienne, époux de Marie-Thérèse et gendre de Charles VI, reçut, en échange de ses anciens Etats, le grand-duché de

Or, par suite de cette extinction de la postérité mâle de Léopold Ier, il est toujours plus incontestable que, même en admettant, comme cet empereur l'avait mal à propos prétendu, qu'il fût, en 1700, le seul héritier légitime du duché de Milan et de ses dépendances, ses droits devaient passer à la mort de Charles VI sur la tête du roi de Sardaigne.

Le duché de Milan, avec ses appartenances, formait en effet un fief masculin, comme Charles-Quint l'a reconnu et déclaré. Du reste, s'il n'eût pas été tel, il n'eût pas fait retour à l'empire à la mort de François II Sforze. Car, bien que ce prince fût le dernier rejeton mâle de sa race, il laissa des héritiers dans la ligne féminine. Et c'est ce qui explique pourquoi on lit dans le diplôme de 1549, à propos du même Sforze, qu'il n'avait laissé aucun héritier apte à succéder au fief dont il s'agit : *nullo hærede feudi capace post se relicto*. Or, il est de principe et de règle en droit féodal que jamais les femmes ne succèdent aux fiefs, surtout s'ils sont masculins, si elles n'ont été habilitées par une clause spéciale (1). Et c'est pour cela que dans ce même diplôme l'empereur a reconnu nécessaire d'insérer, comme il a effectivement inséré en termes bien

---

Toscane, dont la souveraineté devenait disponible par la mort du dernier des Médicis et avait déjà été attribuée à l'avance par l'Autriche, en même temps que celle de Parme et Plaisance, à l'infant don Carlos, fils de Philippe V, appelé dès lors au royaume de Naples et de Sicile.

(1) Feudorum lib. I, tit. 1, § 3; tit. 8, § 2; tit. 14, § 2 in fine : et lib. II, tit. 50.

clairs et bien expressifs, la clause portant qu'il entendait que sa volonté fût exécutée pour l'avenir « non-
« obstant toutes donations ou investitures précédentes
« dérivant de lui ou de ses prédécesseurs dans la su-
« zeraineté du Milanais, et malgré toutes lois, consti-
« tutions ou coutumes contraires, et enfin, sans avoir
« égard à la nature même du fief non plus qu'aux
« décrets et usages spéciaux qui le régissaient et aux
« autres statuts et privilèges quelconques tant géné-
« raux que particuliers. » Après quoi il a ajouté cette
autre importante déclaration : « Nous dérogeons ex-
« pressément, et voulons qu'il soit dérogé à ces con-
« stitution, ordonnance, disposition et décret, pour
« cette seule fois, et pour cet effet seulement, » c'est-
à-dire pour l'admission des filles de Philippe II puis
de leurs descendants mâles à la succession du fief en
question.

On est donc bien fondé à conclure qu'à la mort de
Charles VI sans héritiers mâles, l'impératrice Marie-
Thérèse était tout à fait incapable de succéder au fief
du Milanais puisqu'elle descendait d'une fille de Philippe III. D'ailleurs, en supposant même, ce qui est
cependant inadmissible, que les filles des descendants
mâles de Philippe III fussent toutes aussi aptes à succéder au fief de Milan que les propres filles de Philippe II lui-même et leurs descendants mâles, il n'en
résulterait pas moins que sans déroger une seconde
fois à la nature de ce fief, et par conséquent sans
violer soit les volontés de Charles-Quint, qui n'avait
consenti qu'à une seule dérogation, soit les règles du

droit féodal, on ne pouvait admettre à l'investiture ou à la succession une fille descendant déjà d'une autre fille.

Ainsi, même en admettant avec l'empereur Léopold Ier, mais contrairement au droit féodal, aux décisions rendues sur la matière dans des cas identiques (1), et enfin au sens littéral bien clair, bien net et bien précis du diplôme de 1549, que c'était la fille aînée de Philippe III et ses descendants mâles qui étaient appelés à succéder après la mort de Charles II, on est toujours forcé de convenir qu'à la mort de Charles VI sans héritiers mâles, on ne trouvait plus personne dans cette ligne qui fût apte à régner sur le Milanais.

En conséquence, on peut poser en fait, sans hésiter, que Marie-Thérèse n'avait absolument aucun motif tant soit peu fondé à faire valoir pour se croire en droit de recueillir la succession dont il s'agit, puisqu'elle était fille d'un descendant mâle d'une fille de Philippe III. Car, depuis la mort de Charles II, ce n'étaient que les descendants mâles des filles de Philippe II (celles-ci étant mortes alors des longtemps) qui avaient des droits à cette succession.

(1) Il avait été reconnu et décidé en principe, 1º dans le ressort de l'empire d'Allemagne à l'occasion de la succession de Hanau, ouverte en 1736; 2º en France, par arrêt du Parlement de Paris en date du 14 novembre 1682 et relatif à la succession de la principauté d'Orange, que lorsque l'ordre de primogéniture est établi dans une maison souveraine, s'il ne reste plus dans la famille que des filles ou des descendants de filles, ce n'est point la lignée de la fille du dernier possesseur qui hérite, mais celle de la fille, issue directement et au premier degré, du premier investi du fief ou du droit de haute souveraineté de la succession duquel il s'agit.

En un mot, pour pouvoir y être appelé, il fallait, avant comme après l'an 1700, être ou premier-né mâle dans la lignée masculine de Philippe II, ou fille de ce dernier prince, ou descendant mâle de l'une de ses filles. Or Marie-Thérèse n'avait très certainement aucune de ces qualités. Et ni la Pragmatique-sanction, ni le principe de l'indivisibilité des droits de l'empire n'étaient susceptibles d'améliorer sa condition sous ce rapport. La Pragmatique-sanction, en effet, était l'œuvre de son père, et il est évident que celui-ci n'avait pu par cet acte transmettre à sa fille des droits de succession qu'il n'avait pas lui-même. Quant au principe de l'indivisibilité des droits de l'empire, il eût été ridicule, absurde même de prétendre qu'on pouvait y porter atteinte en réclamant l'exécution des clauses d'un édit impérial tel que celui du 12 décembre 1549, puisque cet édit avait été confirmé et approuvé par tous les successeurs de celui qui l'avait signé, jusqu'à l'aïeul de Marie-Thérèse inclusivement.

Faute de successible parmi les descendants de Marie, fille de Philippe III déjà incapable *de droit* quoique successeur *de fait*, où fallait-il chercher l'héritier du duché de Milan ?

Il est d'abord incontestable que ce ne pouvait être que parmi les descendants des autres filles soit de Philippe III, soit de Philippe IV, ou parmi ceux de Catherine, propre fille de Philippe II. Le chercher dans quelque autre famille, c'eût été le prendre en dehors de celle de ce dernier prince.

Dans le premier cas, c'était Louis XV roi de France

qui pouvait seul être désigné, puisqu'il était le premier-né des enfants mâles alors existants tant dans la lignée du premier-né mâle de la princesse Anne, fille de Philippe III et femme de Louis XIII, que dans celle du fils aîné de la princesse Marie-Thérèse, fille de Philippe IV, sœur germaine de Charles II roi d'Espagne, et épouse de Louis XIV.

Dans le second cas, c'était Charles-Emmanuel III, roi de Sardaigne, qui devait seul être appelé à succéder comme étant le premier-né mâle dans la ligne masculine des descendants de la princesse Catherine et de Charles-Emmanuel Ier.

Maintenant, lequel de ces deux prétendants devait être préféré ?

Il est facile de démontrer que ce devait être le second, non-seulement parce qu'il avait des droits mieux fondés, mais encore parce qu'il était réellement le seul successible.

En effet, Louis XV, comme on l'a vu, ne descendait de Philippe II que par deux femmes, l'une fille de Philippe III et l'autre fille de Philippe IV.

Or, les propres termes du diplôme de Charles-Quint n'appelaient que les filles au premier degré ou immédiates de son fils Philippe II en cas d'extinction de la lignée masculine de ce dernier prince, puis les descendants mâles de ces mêmes filles par ordre de primogéniture jusqu'à l'infini : d'un autre côté, le droit féodal déclarant les femmes incapables de succéder à un fief masculin, à moins que par une disposition ou dérogation spéciale et formelle elles n'en eussent reçu l'investiture, il s'ensuit que les filles de Philippe III et de Philippe IV, en faveur desquelles aucune dérogation n'avait été faite, et qui n'avaient reçu aucune investiture, n'avaient pu transmettre aucun droit à leurs descendants. Car, nul ne peut transférer à autrui des droits dont il ne jouit pas lui-même.

Charles-Emmanuel III, au contraire, était, à l'époque dont il s'agit, c'est-à-dire en 1740, le chef de la branche masculine des enfants de Catherine, fille au premier degré de Philippe II. De fait, on a déjà expliqué qu'en 1700, à la mort de Charles II, c'était le duc Victor-Amédée II qui était l'aîné de la lignée masculine dont il est question ; or, ce prince ayant eu en premier lieu trois filles, puis un fils prénommé Victor-Amédée-Philippe, qui est né le 6 mai 1699 et décédé célibataire le 22 mars 1715, et en second lieu un autre fils qui est précisément Charles-Emmanuel III, né le 27 avril 1701, mort le 20 février 1773, on est bien fondé à conclure que c'était ce dernier seul, d'après les volontés de Charles-Quint, qui devait recueillir, au décès de l'empereur Charles VI, la succession de l'Etat de Milan, déjà dévolue de plein droit à son père 40 ans auparavant, et si déloyalement usurpée par Léopold I.

Aussi, profondément convaincu de la légitimité de ses droits, et après avoir épuisé vainement, pour les faire prévaloir auprès de la Maison d'Autriche, toutes les ressources des voies amiables et diplomatiques, ce sage monarque, jaloux de sauvegarder contre le droit de la force et de maintenir dans toute son intégrité le mérite de ses prétentions, crut devoir en appeler au jugement de l'Europe en proclamant à la face de l'univers, comme il le dit lui-même, qu'il était réellement le seul descendant de Philippe II appelé à recueillir la succession du roi Charles II en Italie, et en justifiant, par des preuves péremptoires et des raisonnements inattaquables, la vérité de cette assertion.

L'écrit publié à cette occasion n'est autre chose qu'un mémoire en fait et en droit, intitulé : *Déduction des droits de la Royale Maison de Savoie sur le duché de Milan*. Il fut imprimé à Turin, à l'imprimerie royale, en 1744, et l'on en transmit un exemplaire à toutes les chancelleries de l'Europe.

Ce mémoire est précédé d'un préambule contenant l'exposé des motifs de sa publication.

Immédiatement après ce préambule, on trouve une série de propositions émises à l'appui de la thèse principale, et s'enchaînant toutes entre elles par une suite d'arguments sans réplique et ne laissant plus aucun doute dans l'esprit du lecteur.

Mais, au mépris d'une démonstration si rigoureuse et si concluante, la Maison d'Autriche s'opiniâtra à vouloir garder le Milanais. Elle suivit en cela vis-à-vis de la Maison de Savoie la même ligne de conduite qu'à l'égard du roi de Prusse, qui réclamait aussi à cette époque une partie de la Silésie usurpée au préjudice de sa famille.

Seulement, moins heureux que Frédéric II, dont la hardiesse et la promptitude à prendre les armes pour revendiquer ses droits furent couronnées d'un plein succès, Charles-Emmanuel III poussa la magnanimité jusqu'aux dernières limites. Emu de la position presque désespérée de Marie-Thérèse, contre laquelle une moitié de l'Europe s'était liguée pour lui ravir sa couronne, ce grand prince lui offrit généreusement le secours de son épée et arma toutes ses troupes pour la défendre. Les clauses et conditions de son alliance avec cette princesse furent réglées par un traité provisionnel en date du 1er février 1742.

En lisant cet acte, on voit qu'en compensation de ses sacrifices, le roi de Sardaigne n'obtint guère que la faculté de faire valoir ultérieurement ses droits sur l'Etat de Milan, à condition qu'il cesserait toutes démarches et toutes polémiques à ce sujet pendant la durée de la guerre.

Ce n'était, il est vrai, qu'un bien faible dédommagement; mais, aux yeux du roi qui croyait fort mal à propos pouvoir compter sur la loyauté et la gratitude de son alliée, c'était faire un grand pas vers la solution d'une question intéressant si vivement sa famille depuis plus de 40 ans.

Ce monarque pensait en effet que pour prix de ses victoires, si Dieu favorisait sa cause, comme il avait tout lieu de l'espérer, la reine de Hongrie se verrait obligée ou de reconnaître la légitimité de ses droits sur le Milanais, ou de lui faire, directement et sans discussion préalable, un généreux abandon de cette portion du territoire occupé par l'empire. Il espérait, en un mot, pouvoir acheter par d'éminents services le droit d'obtenir enfin bonne et due satisfaction, sinon par justice, tout au moins à titre purement rémunératoire.

Voltaire avait donc bien tort de dire, en parlant de cette convention diplomatique, que c'était le traité de deux ennemis ne songeant qu'à se défaire d'un troisième ; car, si dans son esprit ou dans son texte cet acte abritait, comme arrière-pensée, quelque noire perfidie, les faits ont bien prouvé qu'elle n'était pas l'œuvre du roi, mais uniquement celle des conseillers de la fille de Charles VI.

Qu'arriva-t-il en effet ? Charles-Emmanuel remplit avec un dévouement et une loyauté sans bornes tous ses engagements. Et quand, dix-neuf mois plus tard, la reine entendit sonner à Worms l'heure fixée pour exécuter à son tour ses promesses, on la vit persévérer, avec une insistance invincible, à suivre tous les errements de la politique léonine de ses prédécesseurs au trône impérial.

Ainsi, bien persuadée que si son allié ne s'était pas cru assez fort en 1741 et 1742 pour fondre sur Milan comme le roi de Prusse sur la Silésie, il devait l'être bien moins encore après avoir épuisé pour elle ses ressources militaires et financières, notamment par la perte de la Savoie, dont les Espagnols s'étaient emparés sous la conduite de l'infant don Philippe d'abord, et ensuite du marquis de Lamina : elle profita de cet état de faiblesse momentanée du roi de Sardaigne pour lui offrir et lui faire accepter à titre de transaction la souveraineté d'une très petite portion du territoire auquel il avait droit, à charge par lui de renoncer à toute prétention sur le surplus.

En conséquence, le 13 septembre 1743, fut conclu

à Worms ce fameux traité par lequel la reine céda à Charles-Emmanuel, en considération de son zèle, de sa générosité, des secours fournis, etc., le Vigévanasque, une partie du Pavesan, le comté d'Anghiera, la ville de Plaisance et une portion du Plaisantin, puis ses droits sur le marquisat de Finale. Et de son côté, par l'article 3 de ce même traité, S. M. le roi de Sardaigne, pour lui, ses héritiers et successeurs, renonça nommément et pour toujours, mais uniquement en faveur de la reine de Hongrie et de Bohême, et de ses héritiers et successeurs, à ses droits sur l'État de Milan qu'il s'était réservé de faire valoir par la convention provisionnelle du 1er février de l'année précédente.

En voyant une façon d'agir aussi déloyale, n'est-on pas en droit de dire que le cabinet autrichien abjura dans cette circonstance tout sentiment de dignité, de convenance, et même d'équité naturelle? N'imitait-il pas en tout point la conduite odieuse de ces débiteurs iniques et rapaces qui exploitent leurs créanciers en déconfiture en leur payant avant terme la vingtième partie de ce qu'ils leur doivent pour en obtenir une quittance du tout?

Cependant, quoiqu'énormément lésé par cet acte, qui ne l'indemnisait pas seulement de la perte de la Savoie restée au pouvoir des Espagnols, Charles-Emmanuel III, toujours fidèle à ses promesses, continua avec la même loyauté chevaleresque et le même désintéressement de servir les intérêts de Marie-Thérèse pendant toute la durée de la guerre, c'est-à-dire jusqu'à la paix d'Aix-la-Chapelle, conclue le 18 octobre 1748.

Il y avait tout lieu de croire qu'à l'occasion de cette paix le roi de Sardaigne verrait se réaliser enfin ses espérances tant de fois deçues d'entrer en possession du duché de Milan. On pouvait même être d'autant mieux fondé à compter alors sur de bonnes dispositions de la part de Marie-Thérèse en faveur du sauveur de son trône, que, de toutes les parties belligérantes, ce fut elle incontestablement qui retira le plus gros profit du traité.

Ainsi, on avait guerroyé pendant 7 ans pour lui ravir la couronne impériale; déjà même en janvier 1742, à Francfort, cette couronne avait été placée sur la tête de l'électeur de Bavière qui la porta jusqu'à sa mort sous le nom de Charles VII, et la transmit ensuite à son fils Maximilien-Joseph. Or, dès les premières négociations, et après avoir admis en principe qu'on se rendrait mutuellement tous les pays conquis, il fut question de reconnaître, comme de fait on reconnut et garantit dans toutes les formes, la *pragmatique sanction* de Charles VI qui assurait l'empire à Marie-Thérèse et à ses descendants.

Aussi, réduite en 1741 à une telle extrémité qu'elle écrivait à la duchesse de Lorraine sa belle-mère : « J'ignore encore s'il me restera une ville pour y faire « mes couches, » l'impératrice avait, en 1748, recouvré à peu près tout son enjeu. Elle rentrait en effet en possession de toutes les provinces à elle laissées par son père, à l'exception de la Silésie dont le roi de Prusse resta définitivement maître.

Un succès aussi brillant n'était-il pas de nature à

stimuler sa reconnaissance? Et si, en septembre 1743, elle s'était déjà vue obligée de reconnaître et récompenser d'une manière quelconque les services de son allié, ne devait-elle pas à bien plus forte raison, lui montrer sa générosité et lui témoigner sa gratitude cinq ans plus tard, c'est-à-dire après avoir reçu de lui de nouvelles et nombreuses preuves de dévouement? Mais non : ce fut le contraire qui arriva.

Loin d'obtenir un nouvel agrandissement de territoire du côté de la Lombardie, la Maison de Savoie fut contrainte de renoncer au marquisat de Finale et de relâcher Plaisance et toutes ses possessions dans le Plaisantin à l'Autriche qui les céda à l'infant don Philippe, en y ajoutant Parme et Guastalla. La seule restriction stipulée en faveur de Charles-Emmanuel III à la suite de ce relâchement, fut la garantie d'un simple droit de réversion aux précédents possesseurs des territoires cédés *lorsque S. M. le roi des Deux-Siciles passerait à la couronne d'Espagne, tout comme encore dans le cas où don Philippe viendrait à mourir sans enfants.*

Las de se voir toujours leurrés par la fourberie autrichienne, et fatigués de tant de luttes inutiles, les princes de Savoie ne firent plus dès lors d'aussi fréquentes démarches pour obtenir le Milanais. Les circonstances du reste ne leur furent pas souvent favorables à cet effet. C'est cependant dans ce but que leurs plénipotentiaires entamèrent, en 1796, avec la république française, des négociations qui n'aboutirent pas, et qu'ils conclurent l'année suivante avec cette puissance, d'abord le 25 février, à Bologne, un projet d'alliance dirigée spécialement contre l'empire d'Allemagne, puis le 5 avril même année, à Turin, un traité d'alliance offensive et défensive.

Mais, on le voit, la tactique de la Maison de Savoie avait complètement viré de bord. Ce n'était plus avec le cabinet de Vienne mais contre lui qu'on négociait. Celui-ci, d'ailleurs, devait inspirer d'autant plus de méfiance, qu'il cherchait à profiter de presque toutes les occasions où il avait à contracter diplomatiquement avec le cabinet de Turin, pour faire insérer dans les conventions quelque clause impliquant ratification des renonciations contenues dans le traité de Worms.

C'est ce qui explique pourquoi en 1815 les plénipotentiaires autrichiens exigèrent l'insertion, dans le traité de Vienne du 20 mai, de la clause portant que les limites des Etats de S. M. le roi de Sardaigne seraient, du côté des Etats de S. M. l'empereur d'Autriche, telles qu'elles existaient au 1er janvier 1792, et que la convention conclue entre l'impératrice Marie-Thérèse et le roi de Sardaigne le 4 octobre 1751 serait maintenue de part et d'autre dans toutes ses stipulations. Cette convention, conclue à Milan, est, en effet, relative au règlement des différends survenus par rapport à l'exécution des traités des années 1703, 1738, 1743 et 1748.

Tel est l'historique des discussions ou négociations intervenues dès le commencement du siècle dernier, en voie purement diplomatique, entre les Maisons d'Autriche et de Savoie au sujet des droits de cette dernière sur le Milanais.

Quant aux démonstrations à main armée, on comprend aisément qu'il n'était pas dans l'intérêt du royaume de Sardaigne de les tenter. Il aurait eu trop peu de chances de succès en s'engageant seul sérieusement dans une lutte militaire contre une puissance de premier ordre. C'est pourquoi la politique sarde a presque toujours eu pour principe de les éviter avec soin. Témoin la prudence et la réserve dont elle usa en 1821, quoique on fût loin d'ignorer à Turin le nom du principal ennemi contre lequel était dirigée la levée de boucliers de cette époque, et quels étaient les véritables projets des libéraux piémontais et lombards qui avaient fomenté l'insurrection.

Les seules tentatives sérieuses qui auraient pu livrer *de fait* au roi de Sardaigne la souveraineté du Milanais qui lui appartenait déjà *de droit*, furent l'expédition entreprise par Charles-Emmanuel III de concert avec la France de 1733 à 1735 (1), puis celle de Charles-Albert en 1848, dont on connaît la désastreuse issue. Et, encore à cette occasion, le cabinet de Vienne, non content d'avoir obtenu raison par le sort des armes, poussa ses exigences jusqu'à faire signer à Victor-Emmanuel II une renonciation à tout titre et à toute pré-

---

(1) A l'occasion de cette guerre, relative à la succession au trône de Pologne, le roi de Sardaigne conclut à Turin, le 26 septembre 1733, un traité d'alliance avec la France. Et d'après l'art. 3 de ce traité, on devait conquérir la Lombardie pour donner à la Maison de Savoie le *duché de Milan avec tous ses droits, appartenances et dépendances, tel qu'il lui compétait en vertu du diplôme de Charles-Quint, du 12 décembre 1549.*

tention sur les pays situés au-delà des limites assignées à ses Etats par les traités de 1815.

Cette renonciation fait l'objet de l'article 4 du traité de paix conclu à Milan le 6 août 1849, et dont voici le texte : « Sa Majesté le roi de Sardaigne, tant pour Elle « que pour ses héritiers et successeurs, renonce à tout « titre comme à toute prétention quelconque sur les « pays situés au-delà des limites désignées aux susdits « paragraphes de l'acte final du congrès de Vienne. » (Ces paragraphes, cités dans l'art. 3 du traité, sont les 3me, 4me et 5me de l'art. 85.)

Pour pouvoir apprécier toute l'importance de cette clause et le bénéfice qui en résultait pour l'Autriche, il faut savoir que le roi de Sardaigne avait alors plus d'un titre pour reculer la frontière de ses Etats au-delà des limites fixées en 1815.

Outre le diplôme de Charles-Quint, ces titres consistaient en des droits sanctionnés par les traités, et en un vote populaire qui l'appelait à régner sur la majeure portion du royaume Lombard-Vénitien, puis sur les duchés de Modène et de Parme et Plaisance.

CHAPITRE II.

Droits afférents au Roi de Sardaigne, indépendamment du vote populaire, sur les duchés de Parme et Plaisance conjointement, puis plus spécialement encore sur celui de Plaisance seul. — L'obligation d'indemniser le duc Robert de Bourbon, s'il vient à être définitivement dépossédé au profit de la Maison de Savoie, ne peut être imposée qu'à l'Autriche.

Indépendamment du vote émis par les populations et dont on s'occupera plus loin, le roi Victor-Emmanuel II avait encore, en 1849, dès la mort de son père, des droits spéciaux à faire valoir contre l'Autriche pour exiger l'annexion des duchés de Parme et de Plaisance à son royaume.

Or, comme ces droits subsistent toujours actuellement dans toute leur intégrité, ainsi qu'on le démontrera dans le chapitre suivant, et que, loin d'avoir périclité, ils se sont accrus très récemment de toute l'autorité qu'a pu leur donner la dernière votation des peuples parmesan et plaisantin, il importe essentiellement d'en expliquer l'origine et les principales bases.

Dans ce but, on va faire connaître en premier lieu les droits du roi de Sardaigne sur les deux duchés conjointement ; et on développera ensuite ceux plus particuliers qui lui compètent sur la ville de Plaisance et une portion notable du Plaisantin.

On a vu, en lisant le texte du statut ou diplôme de Charles-Quint du 12 décembre 1549, que cet empereur avait donné à son fils Philippe II et à ses descendants mâles par ordre de primogéniture, puis, à l'extinction de la ligne masculine, aux filles du même prince Philippe et à leurs descendants mâles, toujours dans le même ordre, l'investiture des Etat et souveraineté de Milan, comtés de Pavie et d'Anglerie, *avec tous leurs droits et appartenances*.

Il en résulte que le droit de succession afférent, en vertu de ce titre, aux descendants mâles premièrement des fils, et secondement, dès le 1er novembre 1700, des filles de Philippe II, s'étendait et devait s'étendre, d'après la volonté bien nettement exprimée de Charles-Quint, non-seulement au duché ou à l'Etat de Milan proprement dit, ainsi qu'aux comtés de Pavie et d'Anglerie, mais encore aux droits et appartenances de ces mêmes Etat et comtés.

Il est impossible de donner un autre sens aux paroles de cet empereur textuellement rapportées au commencement du précédent chapitre.

Ce point de fait une fois mis hors de tout contredit, il est aisé d'établir que la souveraineté des duchés de Parme et de Plaisance se trouvait comprise dans les *droits et appartenances* de l'Etat ou duché de Milan, qu'en conséquence, elle devait faire partie intégrante de la succession de ce duché ouverte dès la mort du roi Charles II en faveur de la Maison de Savoie, comme on l'a expliqué et démontré plus haut.

La preuve de cette proposition qui va être administrée la première est d'autant moins contestable de la part de la Maison d'Autriche qu'elle résulte des propres déclarations et affirmations de l'empereur Joseph Ier, fils aîné de Léopold Ier et oncle de Marie-Thérèse. Toutefois, pour pouvoir apprécier toute la valeur du document qui contient ces déclarations et affirmations, il est indispensable de jeter préalablement un rapide coup d'œil rétrospectif sur l'historique des deux duchés dont il s'agit. Et comme les destinées politiques des deux pays ne furent pas constamment identiques, on va d'abord s'occuper du duché de Parme, et on parlera ensuite de celui de Plaisance.

Au rapport des historiens les plus accrédités, le premier seigneur particulier de la ville de Parme fut Gilbert de Correggio, qui reçut l'investiture de cette seigneurie de l'empereur Henri VII avec le titre de vicaire impérial. Comme il n'avait pas su se rendre populaire, les principales familles du pays, ayant à leur tête Jean Quirico de St-Vital et Odoard Rossi, se révoltèrent contre lui et le chassèrent, aidés par Matthieu Ier Visconti, duc de Milan, dont elles avaient invoqué le secours, et qui fut à son tour expulsé par Can-Grande de la Scala, seigneur de Vérone.

Après être resté au pouvoir de ce dernier prince

jusqu'en 1329, Parme se donna au pape Jean XXII pour ne pas rester plus longtemps sous la haute domination de l'empereur Louis V, que la cour de Rome accablait de ses censures. Mais l'empereur ne voulut pas reconnaître cet acte de rébellion et il fit reprendre la ville par les seigneurs de Correggio soutenus cette fois par les Rossi et par Louis Ier de Gonzague, seigneur de Mantoue.

Ensuite, la Maison de Correggio inquiétée par les convoitises des Visconti et des autres vicaires de l'empire en Lombardie, se sentant trop faible pour repousser une attaque, résolut de céder ses droits ; et Azon, l'un des chefs de cette famille, les vendit pour 70,000 ducats d'or à Obizon III, marquis d'Este et seigneur de Ferrare, qui les revendit bientôt après pour la même somme à Luchin ou Luquin Visconti, seigneur de Milan.

Dès lors, Parme resta soumise aux Visconti jusqu'à la mort du duc Jean-Galéas l'un d'eux ; et tous en reçurent l'investiture des empereurs de la même manière qu'ils recevaient celle de leurs autres fiefs.

Après la mort de Jean-Galéas Visconti, premier duc de Milan, Otton Bon-Terzo s'en empara en 1405 et s'en rendit le tyran jusqu'à l'époque où il fut dépossédé et tué par François Sforze, alors simple général des Vénitiens.

Successivement, Parme retomba au pouvoir du marquis de Ferrare, Nicolas d'Este, qui la rendit en 1420 à Philippe-Marie Visconti : et celui-ci la conserva pendant sa vie, c'est-à-dire jusqu'en 1447, puis il la transmit à ses successeurs au duché du Milan sous la domination desquels elle resta jusqu'à l'époque où les Français, conduits par Louis XII, chassèrent Louis le More du Milanais et s'emparèrent de ses Etats dont elle formait un annexe.

Un peu plus tard, Julien de La Rovere, élu pape sous le nom de Jules II, s'étant mis à la tête de la *Sainte-ligue* qu'il avait formée contre les Français, et les ayant chassés de l'Italie, prit Parme et Plaisance et les garda pour sa part des conquêtes faites pendant la guerre. Mais les Français n'ayant pas tardé à revenir sous la conduite de François I*er* et ayant de nouveau conquis le duché de Milan après la célèbre victoire de Marignan, réclamèrent au pape Parme et Plaisance comme étant des annexes et dépendances de ce duché. Léon X, successeur de Jules II, reconnaissant la légitimité de cette réclamation, opéra sans difficulté la restitution de ces deux villes ; seulement, 6 ans après, étant allié avec Charles-Quint, et le général de ses troupes Prosper Colonna ayant pris Parme aux Français, il déclara vouloir la garder : puis, comme Adrien VI qui lui succéda sur le trône pontifical avait été précepteur de l'empereur, et que celui-ci était le principal auteur de son élévation à la tiare, il ne voulut pas se brouiller avec lui à l'occasion de Parme, et il le laissa en possession de cette cité et de celle de Plaisance, sans néanmoins en faire cession ou acte formel d'abandon.

C'est ainsi que les papes sont restés en possession de Parme et de Plaisance jusqu'en 1545. A cette dernière époque, le pape Paul III en fit la remise à son fils Pierre-Louis Farnese en lui conférant le titre de duc : et dès lors la Maison Farnese conserva ces duchés presque sans interruption jusqu'à l'extinction de sa race en la personne du duc Antoine, décédé en 1731.

Relativement au duché de Plaisance seul, comme il était déchiré au commencement du 14me siècle par les factions des Landi et des Scotti qui s'y disputaient le pouvoir, l'empereur Henri VII le donna à Galéas Ier Visconti, seigneur de Milan, avec le titre de vicaire perpétuel de l'empire dans le pays, dignité dans laquelle il fut confirmé par Louis V, successeur d'Henri VII. Et sauf pendant deux interrègnes de courte durée causés l'un par l'usurpation momentanée de François Scotto en 1335, et l'autre par celle de Philippe Arcelli, vers le commencement du règne du dernier des Visconti, cette ville resta toujours unie au duché de Milan jusqu'à l'avènement de la Maison Sforze qui succéda à celle des Visconti, éteinte en 1447.

Dès l'avènement des Sforze jusqu'à la mort d'Antoine Farnese en 1731, le duché de Plaisance a subi le même sort politique et les mêmes vicissitudes que celui de Parme dont on vient de parler.

Sous le règne de François Farnèse, qui fut l'avant-dernier prince de cette famille, eut lieu la fameuse guerre pour la succession d'Espagne. Pendant cette guerre, les généraux de Louis XIV et ceux de l'empereur d'Autriche mirent tout en œuvre pour gagner à leur cause respective les petits princes de l'Italie du nord. Déjà le duc de Savoie, indigné des procédés de

Louis XIV, avait abandonné sa cause et joint ses soldats à ceux de l'empire, comme l'avait fait le duc de Modène : tandis que le souverain de Mantoue s'était prononcé pour la France. Restait donc le duc de Parme et de Plaisance.

Aussi les deux parties n'épargnèrent rien auprès de lui pour se l'attirer respectivement. Mais, grâce à l'habileté du fameux Alberoni, alors au début de sa carrière, il put rester neutre.

Malgré cette neutralité, due plutôt au caractère à la fois pacifique et indécis de François Farnèse qu'à tout autre motif, les généraux de l'empire, vainqueurs à Turin, n'hésitèrent pas à pénétrer dans les Etats de Parme et à déclarer qu'ils allaient y prendre leurs quartiers d'hiver. Le duc eut beau protester en alléguant qu'il était vassal du pape, sa voix ne fut pas écoutée, et il fut obligé de déléguer auprès du marquis de Prié, plénipotentiaire de l'empereur en Italie, le gouverneur François Malpelli pour signer une convention datée du couvent de St-Savin à Plaisance le 14 décembre 1706, et portant règlement du quartier d'hiver des troupes impériales et de leurs alliées.

L'importance de ce quartier d'hiver fut fixée par cet acte à la somme de 90,000 pistoles d'Espagne, et en l'article 3me il est dit qu'au moyen du paiement de ladite somme, le seigneur duc est déclaré *avoir satisfait à ses obligations féodales envers Sa Majesté impériale*.

La cour de Rome n'eut pas plutôt reçu copie de cette convention qu'elle protesta à son tour par lettre du 5 janvier 1707 et par la bulle du pontife Clément XI en date du 27 juillet même année.

L'empereur Joseph Ier, outré d'un semblable procédé et jaloux de faire valoir ses droits de haute souveraineté sur les duchés dont il s'agit, répondit à la bulle pontificale par un manifeste signé à Vienne le 26 juin 1708 et publié en forme de diplôme impérial.

Or, c'est précisément dans ce manifeste, dont on est bien fondé à se prévaloir contre la Maison d'Autriche puisqu'il est son œuvre exclusive, que se trouvent les solennelles déclarations et les affirmations publiques et formelles qui établissent la dépendance des duchés de Parme et de Plaisance de celui de Milan.

On lit en effet dans ce même manifeste les paroles suivantes : « Nous ne pouvons n'être pas entre autres
« choses grièvement ému de ce que la Cour de Rome
« nous dispute hardiment les droits très anciens que
« nous et l'empire romain avons en Italie, et ceux en
« particulier que le duché de Milan a sur Parme et sur
« Plaisance, sous prétexte d'un domaine qu'elle s'at-
« tribue sur ces villes, étant constant par la pleine foi
« des historiens et par les investitures que les em-
« pereurs romains nos prédécesseurs en ont données et
« par d'autres actes évidents, que le domaine sou-
« verain et de haute majesté sur les susdites villes de
« Parme et de Plaisance ne compète qu'à nous et au
« sacré empire romain, *et que les légitimes possesseurs du*
« *duché de Milan en reçoivent l'investiture.* Certainement
« on ne saurait montrer que ce domaine souverain,
« direct et de haute majesté, ait jamais été abdiqué par
« aucun empereur, ou qu'aucun duc de Milan l'ait pu
« abdiquer, céder ou transférer, et beaucoup moins

« que la Cour de Rome l'ait pu validement usurper,
« ni que les ducs de Parme l'aient pu reconnaître
« d'elle, etc... »

Ce document contient en outre une déclaration de nullité de la bulle papale, après quoi l'empereur inhibe, tant au duc François Farnese qu'aux habitants des deux duchés dont il s'agit, clercs et séculiers, de reconnaître, pour ces mêmes duchés, tout autre domaine que celui des princes de la Maison impériale d'Autriche, *comme étant seuls seigneurs et possesseurs légitimes du duché de Milan.*

N'avait-on pas raison de dire que la Maison d'Autriche serait bien mal-avisée si elle tentait de contredire ce moyen de preuve résultant de son propre fait !

Du reste, ce n'est pas le seul argument qu'on puisse faire valoir pour prouver la dépendance de Parme et Plaisance du duché de Milan.

Nous trouvons en effet une seconde preuve bien péremptoire de cette dépendance, touchant le duché de Parme, dans la vente énoncée plus haut, faite en 1344, par Azon de Correggio à Obizon III, marquis d'Este et seigneur de Ferrare, pour le prix de 70,000 ducats d'or, puis dans la revente opérée par ce dernier, et pour la même somme, en faveur de Lucquin Visconti, seigneur de Milan. Car la famille de Correggio était incontestablement propriétaire bien légitime du domaine utile du Parmesan puisqu'elle en avait reçu l'investiture de l'empereur Henri VII.

Quant au Plaisantin, nous en trouvons pareillement une preuve bien convaincante dans l'investiture qu'en donnèrent successivement le même Henri VII puis son successeur Louis V à la famille Visconti, déjà investie de la seigneurie du Milanais.

Un troisième argument non moins incontestable nous est fourni relativement aux deux duchés conjointement par la donation, sous réserve de propriété et de jouissance pendant sa vie, faite le 14 novembre 1446 par Philippe-Marie Visconti, dernier duc de cette famille, à François Ier Sforze son gendre et son successeur à la couronne ducale du Milanais.

De fait, cet acte contient la désignation nominale de toutes les villes et terres dont se composait le duché de Milan et comprises dans la donation. Or, en voici l'énumération : « le città di Milano, Pavia, Como, Novara, Lodi, Crema, *Piacenza*, *Parma*, Tortona, Allessandria, Asti ; le terre di Giara d'Adda, Pizilcone e tutte le terre delle diocesi di Cremona. »

Donc Plaisance et Parme, qui tiennent les 7me et 8me rangs dans cette énumération, dépendaient réellement de l'Etat ou duché de Milan, comme l'a affirmé l'empereur Joseph Ier dans son manifeste de 1708, et comme l'attestent d'ailleurs généralement les historiens de l'époque.

D'ailleurs, les restitutions opérées en 1420 à Philippe-Marie Visconti, par Nicolas d'Este, marquis de Ferrare, et ensuite par le pape Léon X aux Français qui venaient de s'emparer du duché de Milan, indiquent suffisamment que la question n'était pas même sujette à litige durant les 15me et 16me siècles, et par conséquent à l'époque où Charles-Quint régla l'ordre de succession de ce duché et de ses dépendances.

La possession des deux duchés dont il s'agit par la famille Farnèse n'a modifié en aucune manière l'état de dépendance que l'on vient de démontrer, parce que ce n'est évidemment qu'à titre de sous-inféodation que cette famille en avait eu le domaine utile. Ce fait a d'ailleurs été reconnu par toutes les puissances signataires du traité de Vienne du 3 octobre 1735, qui sanctionnèrent les droits de l'Autriche sur Parme et Plaisance comme une conséquence de ses droits de *haute souveraineté* sur le Milanais.

Relativement aux droits qui compètent d'une manière plus particulière encore au roi de Sardaigne sur la ville de Plaisance et une portion du Plaisantin, ils prennent leur source dans ce même traité de Worms du 13 septembre 1743 dont il a déjà été fait mention (1).

On a vu plus haut que par ce traité Marie-Thérèse avait cédé à Charles-Emmanuel III, son fidèle allié, divers territoires soumis alors, de fait sinon de droit, à la domination autrichienne. Parmi ces territoires

---

(1) Léon Ménabréa a consacré tout un chapitre à cette question dans l'ouvrage qu'il a publié en 1849 par ordre du gouvernement sarde, ouvrage tiré à 160 exemplaires seulement, et qui a pour titre : *Mémoire pour servir à l'intelligence des discussions qui ont existé entre les gouvernements de S. M. le roi de Sardaigne et celui de S. M. l'empereur d'Autriche, depuis le traité de Worms du 13 septembre 1743 jusqu'en 1848, sur différentes questions non encore résolues d'intérêt politique, de commerce, et de droit des gens.* On a dû puiser dans ce précieux travail quelques données en les développant davantage.

figurait le marquisat de Finale, la ville de Plaisance, et cette *partie du Plaisantin qui est entre le Pavesan jusqu'à moitié du lit de la rivière Nura, depuis sa source jusqu'au Pô*, en sorte que le milieu soit de la Nura soit du Pô devait, en cet endroit, servir de borne aux deux Etats. Et il est dit en l'article IX de ce même traité que cette cession a été faite « en considération du zèle et de la « générosité avec lesquels S. M. le roi de Sardaigne « s'est porté à exposer sa personne et ses Etats pour « la cause publique et pour celle de S. M. la reine de « Hongrie et de Bohême et de la sérénissime Maison « d'Autriche en particulier et des secours effectifs « qu'elle (Marie-Thérèse) en a déjà reçus : et en « considération aussi des engagements onéreux d'as- « sistance et du lien perpétuel de garantie qu'il con- « tracte avec elle par la présente alliance. »

On a vu également que par le traité d'Aix-la-Chapelle du 18 octobre 1748, qui mit fin à la guerre pour la succession d'Autriche, l'impératrice Marie-Thérèse, sans égard pour la cession faite cinq ans auparavant au roi de Sardaigne, disposa de nouveau du Plaisantin et le donna en entier à l'infant don Philippe, en y ajoutant le Parmesan et Guastalla : qu'en outre elle ne put garantir au roi la possession du marquisat de Finale, dont restitution dut être faite à la république de Gênes (1).

---

(1) Léon Ménabréa fait observer fort à propos que le roi de Sardaigne ne fut pas partie dans ce traité, et qu'il fut forcé d'y accéder pour pouvoir recouvrer une grande portion de ses anciens Etats et notamment la Savoie.

On a vu enfin qu'un droit de réversion avait été réservé formellement, en faveur de la Maison de Savoie, sur Plaisance et la portion du Plaisantin dont on la dépossédait; et que ce droit devait se réaliser notamment dans le cas où le roi des Deux-Siciles passerait à la couronne d'Espagne. Or, ce cas s'est vérifié en 1759, à la mort du roi d'Espagne Ferdinand VI, auquel son frère don Carlos de Bourbon, roi des Deux-Siciles, fut appelé à succéder sous le nom de Charles III. Et cependant, malgré ses réclamations, Charles-Emmanuel III ne put obtenir de l'Autriche qu'elle le fît mettre en possession de ses droits sur le duché de Plaisance, en vertu de la clause de réversibilité stipulée en faveur de la Maison de Savoie.

Ce fut en conséquence aux Bourbons, dont la famille possédait alors trois couronnes royales, celles de France, d'Espagne et des Deux-Siciles, qu'il fut contraint de s'adresser.

Mais, comme les chefs des deux branches principales de cette puissante Maison, c'est-à-dire les rois de France et d'Espagne, avaient garanti, par le *pacte de famille* du 15 août 1761, la possession des duchés de Parme et de Plaisance à l'infant don Philippe contre toute éventualité, et notamment contre l'effet du droit de réversion réservé au roi de Sardaigne, sauf à indemniser ce monarque; les gouvernements français et espagnol fixèrent, par un traité signé le 10 juin 1763, mais sans l'intervention du cabinet de Vienne, les bases sur lesquelles on réglerait l'indemnité due.

Par ce traité, le roi de Sardaigne s'engagea envers la France et l'Espagne, seules puissances avec lesquelles il contractait, à laisser don Philippe de Bourbon en possession de tout le duché de Plaisance ; et il consentit envers eux à ne se prévaloir de la clause de réversibilité insérée dans le traité d'Aix-la-Chapelle que dans le cas où la ligne masculine du même don Philippe viendrait à s'éteindre, tout comme encore lorsque ce prince ou ses descendants mâles seraient appelés par succession à l'une des couronnes de la famille. Il fut arrêté en outre que si le cas de réversion prévu se réalisait, le roi de Sardaigne ne s'en prévaudrait, et ne prendrait possession du Plaisantin qu'après avoir assuré à la France la restitution de l'indemnité qu'il en avait reçue : indemnité qui fut fixée à 8 millions et 200,000 livres tournois (1). Et l'on convint que cette somme serait placée, comme elle le fut en réalité par patentes royales du 3 septembre même année, au denier vingt-cinq sur les *monti* de la ville de *Turin*. Ces *monti* furent ensuite supprimés entièrement et anéantis sans aucun dédommagement par le gouvernement français, qui en brûla les cédules lors de la dernière réunion du Piémont à la France. D'où il résulte, pour le dire en passant, que si le roi de Sardaigne venait à être appelé à régner sur Plaisance en vertu du droit de réversion dont on vient de parler, et qui a été main-

(1) On avait pris pour base de cette fixation la somme qu'aurait pu rapporter annuellement le duché de Plaisance, déduction faite des charges et des frais généraux d'administration.

tenu en sa faveur, dans les termes des traités d'Aix-la-Chapelle et de Paris, non simplement par ceux de 1815 mais encore par celui de Paris de 1817, il n'aurait rien à restituer, puisque c'est par le fait du gouvernement auquel la restitution devrait se faire que cette restitution est devenue impossible.

Il suit de l'ensemble de ces faits, que la Maison impériale d'Autriche ne s'est jamais acquittée pleinement des obligations par elle contractées envers la Maison royale de Savoie par le traité de Worms du 13 septembre 1743.

Or, ce traité était incontestablement un acte à titre onéreux, puisque la cession de territoire consentie par la reine, loin d'être gratuite, avait pour équivalents, du propre aveu de cette princesse : 1° les services signalés rendus à la Maison d'Autriche par le roi Charles-Emmanuel III au prix de dépenses énormes en hommes et en argent et de sacrifices de tout genre; 2° les « engagements onéreux d'assistance et le lien « perpétuel de garantie » qu'il contractait par son alliance; 3° la reconnaissance de la pragmatique-sanction et l'obligation prise de maintenir et faire respecter l'ordre de succession à l'empire établi par cet acte; 4° enfin la renonciation à tous droits sur le Milanais.

Donc, depuis la paix d'Aix-la-Chapelle qui lui enleva ses possessions dans le duché de Plaisance, et avec plus de raison encore depuis 1759, époque où elle aurait dû rentrer dans ces mêmes possessions, la Maison de Savoie qui, de son côté, n'avait failli à aucun de ses engagements, s'est trouvée légalement fondée à exiger de celle d'Autriche sa réintégration dans la portion du Plaisantin cédée par Marie-Thérèse en 1743. Et pour conserver et maintenir toujours mieux ce droit, les rois de Sardaigne ont continué dès lors de prendre et de porter le titre de duc de Plaisance.

Quant à l'indemnité reçue du roi de France, elle ne pouvait en aucune manière exonérer le chef de l'empire de ses obligations, puisque celui-ci n'avait pas été partie dans le traité du 10 juin 1763. D'ailleurs, la France, en promettant cette indemnité, ne stipulait point pour le cabinet de Vienne, qui ne fut pas même consulté, mais dans le seul et unique intérêt de la Maison de Bourbon : intérêt qui avait formé la base et motivé la conclusion du pacte de famille de 1761.

Au reste, la somme remise n'était en définitive et en réalité qu'une espèce de prêt pour le remboursement duquel on avait pris certaines mesures et certains arrangements : elle ne pouvait donc avoir pour effet d'anéantir les droits afférents au roi de Sardaigne contre l'Autriche pour la forcer à maintenir ses engagements du 13 septembre 1743, surtout que la France n'avait pas exigé de la Maison de Savoie l'abnégation de ses droits sur Plaisance dérivant du traité de Worms, mais simplement son consentement à une modification de la clause du traité d'Aix-la-Chapelle relative aux droits de réversion sur le Plaisantin.

Enfin, en supposant même, contre toute vérité, que le paiement fait par le roi de France dût profiter à l'Autriche, en la déliant de ses promesses et des stipulations faites, il n'en résulterait pas moins que, dès la suppression des *monti de Turin*, l'effet de ce paiement ayant cessé, les droits qu'il aurait eu pour but d'éteindre devaient renaître dans toute leur intégrité.

Et si par les traités de 1815 les anciens Etats de la monarchie sarde reçurent un agrandissement par le fait de l'annexion du duché de Gênes dont le marquisat de Finale faisait partie, ce n'est point pour solder la dette de l'Autriche, mais pour obéir à des principes d'un autre ordre, que les puissances contractantes décrétèrent cette augmentation de territoire. Ces principes sont bien connus, car les diplomates de l'époque ont eux-mêmes déclaré que leur principale préoccupation avait été d'assurer le repos de l'Italie en faisant *une juste répartition de forces entre les Etats dont elle se compose*.

D'ailleurs, l'annexion de l'ancienne république de Gênes, tout en augmentant de beaucoup l'importance et la force de l'ensemble des pays placés sous le sceptre de la Maison de Savoie, ne constituait pas alors un profit direct pour le reste des Etats-Sardes (1).

En acquérant un beau port dans la Méditerranée, la Sardaigne devenait puissance maritime d'une certaine importance. Il lui fallait par-là même faire des dépenses considérables pour organiser et entretenir à Gênes une marine militaire sur un pied convenable.

---

(1) Léon Ménabréa, ouvrage déjà cité.

Or, si l'on considère le mode d'assiette de l'impôt adopté dans le royaume à cette époque, on est forcé de reconnaître que les ressources matérielles d'un territoire montagneux et peu fertile comme la Ligurie, étaient insuffisantes pour ajouter dans les recettes du trésor des sommes en harmonie avec celles destinées à figurer en dépenses sur le budget du département de la marine.

Ce ne fut que plus de 35 ans après, c'est-à-dire lorsque d'énormes sacrifices financiers étaient faits, que le gouvernement, en élargissant le cercle des contributions personnelles et mobilières, puis en étendant de plus en plus les bases de l'impôt en général par des taxes sur les bâtiments, sur les professions et les arts libéraux, sur les voitures et sur l'industrie manufacturière et commerciale, commença à utiliser dans l'intérêt général de la nation les richesses immenses de cette nouvelle province.

Et encore, dès lors le cours des dépenses à faire dans le duché de Gênes et mises à la charge exclusive des royales finances a dû recommencer dans des proportions considérables. Ainsi, il a fallu pourvoir à l'agrandissement et à l'amélioration des ports ; puis travailler à la réalisation du projet si grandiose et si coûteux du transport de la marine militaire à la Spezzia: transport déjà autorisé par une loi, dont les effets ont ensuite été largement atténués sous le rapport financier par une loi plus récente et toute de circonstance, mais qui tôt ou tard s'effectuera sur les bases tracées dans la première loi, sinon d'une manière plus vaste et plus gigantesque encore, parce qu'il est non-seulement très avantageux, mais nécessaire, indispensable même à la prospérité du commerce maritime du royaume sarde, c'est-à-dire de l'une des sources les plus fécondes de sa fortune publique.

Inutile donc de considérer le fait de l'union de la Ligurie au Piémont sous un point de vue différent de celui sous lequel il a été envisagé par les diplomates réunis à Vienne en 1815, et d'en tirer des conséquences qu'il ne renferme et ne comporte en aucune manière. Et le cabinet autrichien ferait fausse route s'il cherchait à s'en prévaloir dans son intérêt exclusif au préjudice de celui de Turin qui est le représentant naturel et légitime des intérêts réunis du peuple et de son roi.

Une dernière objection pourrait encore être faite, et c'est la suivante : Dès 1815, la famille royale de Savoie règne sur l'ancien marquisat de Finale, et depuis la paix de Villafranca Victor-Emmanuel II est maître de la Lombardie; donc il n'a plus rien à répéter à l'Autriche. Car, la renonciation à toutes prétentions sur le duché de Milan consentie à Worms en 1743, et qui constituait un des équivalents des cessions de territoire faites par Marie-Thérèse dans cet acte à titre onéreux devenant aujourd'hui sans valeur et sans effet, le roi de Sardaigne ne doit plus être recevable à réclamer l'exécution de l'obligation corrélative qui en formait l'équipollent, obligation ayant en partie pour objet sa réintégration dans la souveraineté de Plaisance et du Plaisantin.

Cette difficulté est plus spécieuse que sérieuse, et

si elle a l'apparence d'être fondée, elle ne l'est point en réalité. Voici pour quels motifs.

D'abord, si Victor-Emmanuel II a enfin obtenu de reculer la frontière de ses Etats jusqu'au Mincio, ce n'est pas par le fait direct de l'empereur François-Joseph, avec lequel il n'a pas même contracté à Villafranca, qu'il a obtenu cet avantage. C'est l'empereur Napoléon III seul qui a remis la Lombardie, et il n'est pas dit qu'il en ait fait la remise au nom, pour le compte, et à l'acquittement de la Maison d'Autriche.

En outre, en supposant même que cette remise ait été faite pour le compte de l'empereur François-Joseph et à sa décharge, est-ce que la dette reconnue et contractée à Worms serait entièrement payée par ce fait? Evidemment non, parce qu'en admettant que le pacte de 1743 ne subsiste plus dans toute son intégrité primitive depuis que la Maison de Savoie est en possession de la Lombardie jusqu'au Mincio, il n'en résulte pas moins que ce pacte ne peut être considéré comme résolu en entier, c'est-à-dire dans toutes ses clauses.

De fait, en se départant en 1743 de ses prétentions sur tout l'ancien duché de Milan, le roi de Sardaigne avait renoncé non-seulement à la portion de la Lombardie cédée dernièment à Victor-Emmanuel II par Napoléon III, mais encore au Parmesan et à la partie du Plaisantin sise au-delà du Pô : pays dont les territoires, de l'aveu de la Maison d'Autriche elle-même, faisaient partie ou formaient une appartenance de ce duché, ainsi qu'on l'a prouvé plus haut. Or, si l'effet de la clause ou condition résolutoire, toujours sous entendue de plein droit dans les contrats synallagmatiques de l'espèce de celui stipulé à Worms, a pour effet ou de forcer le débiteur retardataire à remplir son engagement, ou de donner à son encontre une action en résolution avec dommages et intérêts : il s'ensuit nécessairement que la résolution du contrat synallagmatique de Worms, en ce qui concerne celui des équivalents fournis par Charles-Emmanuel III qui avait pour objet sa renonciation à toutes prétentions sur le duché de Milan, ne pourrait être entière et parfaite qu'autant que le gouvernement sarde serait encore admis : 1° à faire valoir les droits de la Maison de Savoie sur Parme et Plaisance comme appartenance de l'ancien duché de Milan ; 2° à faire fixer par voie d'arbitrage ou autrement les dommages et intérêts restés dus par la Maison d'Autriche.

Donc, même dans l'hypothèse où l'empereur Napoléon III n'aurait servi que d'intermédiaire officieux à l'empereur François-Joseph pour céder et remettre à Victor-Emmanuel II le territoire qui s'étend du Tessin au Mincio, les obligations contractées par Marie-Thérèse ne se trouveraient pas pleinement acquittées, parce que le contrat de Worms est loin d'avoir été résolu en entier par le fait de la cession consentie à Villafranca.

Bien plus, l'annexion de Parme et Plaisance ne suffirait pas encore pour libérer l'Autriche. Cette annexion en effet formerait bien le solde du capital de la dette laissée par Marie-Thérèse, mais elle n'en payerait pas les intérêts. C'est-à-dire qu'on restituerait simplement à la Maison de Savoie et à son gouvernement les possessions usurpées à leur détriment, sans leur tenir compte en même temps des fruits perçus et des bénéfices de tout genre réalisés à leur préjudice pendant l'indue jouissance.

Bornons-nous à énoncer ici ces conséquences qui sont rigoureuses si l'on veut, mais logiques et conformes en tous points aux règles de l'équité.

Nous y reviendrons dans un autre chapitre pour en faire l'application.

En attendant, et avant de passer à l'examen d'une autre question, il est à propos de tirer encore une conséquence bien légitime : c'est la suivante.

L'ensemble des faits exposés jusqu'ici et les discussions qui s'y rapportent établissent clairement que si la Maison de Savoie a été privée jusqu'à ce jour de la souveraineté des duchés de Parme et Plaisance, ce n'est que par le fait ou par la faute de l'Autriche qui en a joui elle-même directement pendant plusieurs années avant 1748, et qui en a remis ensuite la possession et la jouissance à d'autres et notamment à l'une des branches de la famille des Bourbons d'Espagne issus du duc d'Anjou, petit-fils de Louis XIV, et successeur du roi Charles II sous le nom de Philippe V. On sait en effet que l'infant don Carlos qui régna à Parme jusqu'en 1738, époque où il avait déjà la couronne des Deux-Siciles, était fils du même Philippe V ainsi que don Philippe qui reçut les deux duchés dont il s'agit avec celui de Guastalla, par la paix d'Aix-la-Chapelle, et dans la possession desquels ses descendants ont été réintégrés en 1847 après la mort de l'ex-impératrice Marie-Louise.

Donc, si cette famille des Bourbons espagnols vient à être dépossédée définitivement par l'annexion de ses anciens Etats à ceux du roi de Sardaigne, ce ne sera point à ce dernier monarque, mais à la Maison d'Autriche seule à fournir le dédommagement que le duc Robert Ier (ou la duchesse sa mère pour lui et en son nom) serait dans le cas de réclamer. Car il est impossible de ne pas admettre que le cabinet de Vienne doit être seul responsable de son mal-agir et de l'injustice qu'il commettait lorsqu'il donna aux enfants de Philippe V des territoires dont la Maison de Savoie seule avait le droit de prendre possession. Surtout qu'il reçut de l'Espagne 200,000 pistoles pour prix de l'installation de l'infant don Carlos sur le trône de Parme ; installation effectuée avec le concours de 6,000 Espagnols.

CHAPITRE III.

Les clauses de renonciation insérées formellement ou implicitement dans les traités de 1743, 1815 et 1849 ne lient point le roi Victor-Emmanuel II. — Et ce prince n'a pu perdre ses droits sur les provinces situées au-delà des limites assignées aux États-Sardes en 1815 ni par prescription ni autrement.

Il a été démontré qu'à la mort du roi d'Espagne Charles II, arrivée le 1ᵉʳ novembre 1700, la succession du duché de Milan était ouverte en faveur des descendants mâles de l'infante Catherine, propre fille de Philippe II, roi d'Espagne, en suivant entre eux l'ordre de primogéniture.

Ce point de fait n'étant donc plus contestable, on est en droit de conclure que c'était Victor-Emmanuel II seul qui, dès le 28 juillet 1849, date de la mort du roi Charles-Albert son père, était appelé à recueillir cette succession.

Dès lors, en effet, il était réellement le premier-né mâle des descendants alors existants de Charles-Emmanuel Iᵉʳ et de l'infante Catherine.

Pour s'en assurer, il suffit de jeter un coup d'œil sur l'arbre généalogique de sa famille. On voit par-là qu'il descend en ligne directe du prince Thomas, propre fils du duc Charles-Emmanuel Ier, et chef de la branche dite de Carignan : branche qui a été appelée au trône de Sardaigne en 1834, en la personne de Charles-Albert le Magnanime, par suite de l'extinction de la branche aînée dans la personne du roi Charles-Félix.

Mais la renonciation consentie à Worms par Charles-Emmanuel III ne formait-elle pas un obstacle ?

Certainement non : car elle ne pouvait et n'avait jamais pu lier ceux d'entre les successeurs de ce prince qui ne l'avaient pas renouvelée ou ratifiée. Et elle ne pouvait obliger notamment Victor-Emmanuel II le Guerrier, actuellement si glorieusement régnant. En voici la preuve.

Par l'article 3 du traité du 13 septembre 1743, le roi de Sardaigne n'avait renoncé en faveur de Marie-Thérèse, pour lui, ses héritiers et successeurs, qu'au droit de succéder à un fief, celui du Milanais avec ses droits et appartenances.

Or, toute renonciation de ce genre, relative à un fief paternel ou ancien (1), et consentie même avec

---

(1) On appelait fief *ancien* ou *paternel* celui qui s'acquérait par succession, pour le distinguer du fief *nouveau*, qui était celui acquis par le feudataire personnellement et autrement que par succession. Ce dernier pouvait à son tour devenir paternel ou ancien relativement aux héritiers du premier acquéreur, s'il était transmissible par succession.

l'agrément ou en faveur du seigneur direct, n'était valable et obligatoire, d'après le droit féodal, que pour celui qui la faisait. Quant à ses héritiers et successeurs, elle était nulle et de nul effet s'ils n'avaient pas été appelés à y donner leur consentement. Elle constituait en effet, à leur préjudice, une véritable aliénation non permise (1).

La décision de ce point de droit ne présente pas l'ombre d'un doute : et pour s'en convaincre, il suffit de lire les commentateurs et spécialement J. Voët (2) et Richeri (3). Ces deux auteurs ont traité la question sous toutes ses faces et avec une lucidité remarquable. Enfin, Grotius (4), l'ayant examinée d'après le droit naturel, l'a résolue également dans le même sens. Et il motive cette solution notamment sur ce que le fait du père ne peut nuire ni à ses descendants nés, qui ont déjà acquis personnellement leurs droits de succéder en venant au monde, ni à ses descendants à naître, parce qu'on ne peut les empêcher d'acquérir aussi à leur tour ces mêmes droits, *que le peuple lui-même peut d'ailleurs être dans le cas de leur conférer* : la transmission des droits dont il s'agit s'opérant alors *nécessairement* et non par un effet de la volonté des parents.

(1) Feudorum lib. 2, tit. 39, § 1.

(2) Commentarius ad Pandectas, lib. 38, digressio de feudis, num. 93 et 121.

(3) Tractatus de feudis, tom. 1, lib. 2, tit. 8, cap. 3, §§ 698 et 699.

(4) De jure belli ac pacis. lib. 2, cap. 7, § 26.

Maintenant, le fief du Milanais était-il paternel ou ancien relativement au roi Charles-Emmanuel III ? Incontestablement, puisque la succession en avait été réglée par ligne dès 1549, et que ce monarque tenait ses droits de l'infante Catherine, sa trisaïeule, propre fille du premier investi.

Donc la renonciation contenue dans le traité de Worms et consentie par ce prince seul, sans l'agrément de ses fils et successeurs, n'a pu être valable, au pis aller, que pendant la vie de ce monarque, c'est-à-dire jusqu'au 20 février 1773. Et, dès cette dernière date, Marie-Thérèse, qui a vécu jusqu'en 1780, et l'empereur Joseph II son fils, qui tenait avec elle les rênes de l'empire depuis 1765, n'avaient plus aucun droit de retenir le domaine utile du Milanais, dont ils devaient donner l'investiture au roi Victor-Amédée III. Car, faute d'avoir obtenu de lui une nouvelle renonciation ou tout au moins une ratification de celle faite par son père, la Maison d'Autriche ne pouvait, sous aucun prétexte, le priver de ses droits : et à sa mort, survenue le 16 octobre 1796, ils ont été transmis dans toute leur intégrité à Charles-Emmanuel IV, son fils aîné, qui les a transférés de même à son successeur Victor-Emmanuel Ier.

C'est, il est vrai, sous le règne de ce dernier roi qu'eut lieu le congrès de Vienne. Et si l'on veut considérer comme une clause impliquant ratification de la renonciation faite à Worms en 1743 les articles rédigés lors de ce congrès, qui disposent que les limites des Etats du roi de Sardaigne seraient, du côté des Etats de l'empereur d'Autriche, les mêmes qu'au 1er janvier 1792, et que la convention du 4 octobre 1751, conclue avec Marie-Thérèse, relativement à l'exécution des traités de 1703, 1738, 1743 et 1748, serait maintenue : il est encore aisé de démontrer que Victor-Emmanuel Ier, seul, a pu être lié par cette prétendue ratification implicite, sans porter atteinte aux droits de ses héritiers et successeurs.

En effet, d'après les principes déjà exposés, les clauses de cette nature n'obligent point les successeurs nés s'ils n'ont pas été appelés à y donner leur consentement, et elles sont nulles quant aux successeurs à naître.

Or, voici de quelle manière s'est obligé Victor-Emmanuel Ier. Il a conclu en premier lieu, le 20 mai 1815, un traité spécial avec cinq puissances seulement : l'Autriche, l'Angleterre, la France, la Prusse et la Russie, et c'est l'article 3 de ce traité qui contient les deux clauses qu'on vient de rappeler. Il a ensuite accédé purement et simplement envers les grandes puissances à l'acte final du congrès, dont l'article 85, alinéa 3, reproduit textuellement l'article 3 du traité du 20 mai déjà mentionné.

Mais, comme on le voit, ni Charles-Félix qui monta sur le trône après Victor-Emmanuel Ier, ni Charles-Albert le Magnanime, successeur immédiat de celui-ci, n'ont pris part directement ou indirectement soit au traité particulier, soit à l'acte d'accession précités : et ils n'ont ratifié en aucune manière les actes de leurs prédécesseurs relatifs à une renonciation explicite ou implicite d'un droit de souveraineté ou de succession quelconque.

D'ailleurs, en supposant encore qu'abstraction faite de toute clause confirmative de la renonciation de 1743 qu'on pourrait induire du texte des actes diplomatiques de 1815, on voulût prétendre que ces actes devaient lier, sous d'autres rapports, non-seulement Victor-Emmanuel Ier, mais aussi tous ses successeurs à la couronne, comme tout traité entre puissances oblige et lie ces puissances, quel que soit le prince qui les gouverne et les représente, jusqu'à ce qu'il ait été rapporté d'un commun accord ou résilié de fait ou de droit : on serait néanmoins toujours bien fondé à dire que ces mêmes traités de 1815 ne sont plus dès longtemps qu'une lettre morte pour le roi de Sardaigne. Ils ont été, en effet, directement et formellement violés ou modifiés par toutes les puissances envers lesquelles Victor-Emmanuel Ier s'était engagé ; et en l'état, il serait souverainement injuste et déraisonnable d'exiger de ses héritiers et successeurs plus de respect pour les clauses et conditions qu'ils renferment, que ces puissances n'en ont gardé elles-mêmes.

Ainsi, après avoir été déchirés en Pologne par la Russie, à Neufchâtel par la Prusse et la Suisse, dans le grand-duché de Posen par la Prusse seule, en Belgique par l'Angleterre et la France, trois fois en France (en 1830, 1848 et 1852) par la France elle-même, en Italie par la France et par l'Autriche, et en Galicie par l'Autriche seule, etc., le roi de Sardaigne ne pouvait-il pas également se croire affranchi et délié de leurs stipulations? et en réalité ne l'était-il pas de plein droit? Impossible de le nier. Aussi, pour le signaler en passant, Charles-Albert pouvait faire en toute assurance ce qu'il a fait en 1848. Et si, adhérant aux sollicitations des patriotes milanais, représentés par les nobles comtes Arese et Martini, en même temps qu'il obéissait aux élans généreux de son âme, il a franchi le Tessin à la tête de ses braves pour courir à la délivrance du peuple lombard : loin d'enfreindre les pactes jurés par ses prédécesseurs, il n'a fait qu'user de son droit, puisque rien, déjà à cette époque, ne l'obligeait à respecter les limites assignées à son royaume 33 ans auparavant par la diplomatie européenne.

Quant au roi Victor-Emmanuel II, dès qu'il avait reçu de son père un sceptre dégagé de tous freins vis-à-vis de la Maison d'Autriche, il est clair qu'il n'a eu à respecter envers elle que ses engagements personnels. Relativement aux limites de ses États, les engagements par lui contractés ne sont pas nombreux : on les trouve tous dans le traité de paix du 6 août 1849.

D'après ce traité, il devait y avoir, *à l'avenir et pour toujours, paix, amitié et bonne intelligence entre S. M. le roi de Sardaigne et S. M. l'empereur d'Autriche, leurs héritiers et successeurs, leurs États et sujets respectifs* ; puis, les limites des territoires devaient être *telles qu'elles ont été fixées par l'acte final du congrès de Vienne* : le roi ayant déclaré renoncer à *tous titres et prétentions sur les pays situés au-delà de ces mêmes limites.*

Si maintenant l'on examine la valeur actuelle de ce traité, on ne pourra s'empêcher de le considérer comme ayant cessé d'exister. L'Autriche, en effet, l'a ouvertement violé, dans le courant d'avril dernier, en faisant passer le Tessin à ses troupes et en envahissant ensuite plusieurs provinces piémontaises.

Cet acte d'agression, vraiment inqualifiable, a déjà été jugé par l'Europe entière. Inutile donc de s'y arrêter plus longtemps. Qu'il nous suffise d'en tirer cette conclusion bien légitime : En foulant aux pieds, au printemps de 1859, les engagements portés par le traité de paix du 6 août 1849, l'Autriche a pleinement dégagé Victor-Emmanuel II des obligations contenues dans cette convention.

En conséquence, la clause de renonciation, stipulée en l'article 4 de ce même traité, doit aujourd'hui être envisagée comme nulle et non-avenue. Et tous les titres et prétentions afférents au roi de Sardaigne et à sa famille avant la signature de ce même acte ont repris leur force et leur valeur en sa faveur comme s'il n'eût jamais renoncé à s'en prévaloir vis-à-vis de l'Autriche. Il est donc pleinement fondé à invoquer actuellement contre elle tous les droits qui en dérivent. Ces droits n'ont effectivement subi encore aucune altération jusqu'à ce jour. Et la Maison d'Autriche ne pourrait pas mieux opposer à Victor-Emmanuel II la prescription qu'elle n'aurait pu exciper à l'encontre de Victor-Amédée II et de ses successeurs du défaut de demande d'investiture du Milanais; car on va voir que ni l'un ni l'autre de ces moyens de droit n'est fondé aux yeux de la loi.

Il était de règle, il est vrai, sous l'empire des lois féodales, que, sous peine de perdre leur fief, les vassaux devaient en demander l'investiture quand ils étaient appelés à en prendre possession par succession ou autrement, et qu'ils devaient la faire renouveler chaque fois qu'il survenait un changement dans la personne du seigneur direct.

Mais ces principes n'étaient pas en vigueur dans le Milanais. C'est ce qu'on lit en termes bien clairs dans les titres 37, in fine, et 24 et 40 du livre second des Coutumes féodales, annexées au corps du Droit Romain.

Aucune déchéance n'aurait donc pu être encourue par ceux des princes de Savoie qui, dès la mort de Charles II roi d'Espagne, ont été appelés à succéder à ce monarque dans le fief impérial du Milanais, faute d'en avoir demandé l'investiture. Bien plus, en la refusant opiniâtrément à ceux d'entre eux qui la lui ont demandée avec instance, comme le fit notamment Charles-Emmanuel III avant 1743, le chef de l'empire avait lui-même perdu son domaine direct sur ce fief (1). Et le duché de Milan, en devenant ainsi allodial, devait entrer de plein droit dans les possessions *franches* et *héréditaires* de la Maison royale de Savoie.

Quant à la prescription, il est certain qu'elle ne pourrait être utilement invoquée, plusieurs motifs péremptoires s'y opposent.

D'abord, en droit féodal comme en droit civil, on

---

(1) Rittershusius, de feudis, lib. 2, cap. 7, num. 2; J. Voët, Commentarius ad Pandectas, digressio de feudis, num. 120 in fine.

ne pouvait prescrire en possédant de mauvaise foi, sans titre ou en vertu d'un titre dont le vice était connu (1). En outre, spécialement, dans le Milanais on n'admettait, en matière féodale, d'autre prescription que celle de 100 ans (2) ; et partout ailleurs, dans tous les cas où la prescription était possible en faveur ou au préjudice d'un feudataire, s'il s'agissait d'un fief héréditaire ou ancien, il fallait pour l'acquérir une possession immémoriale ou centenaire (3) exercée paisiblement et d'une manière continue et non interrompue.

Maints jurisconsultes, dont le nom fait autorité, ont même soutenu, en invoquant divers textes de lois (4), que dans ces sortes de fiefs on ne pouvait opposer aux agnats, ou descendants mâles appelés à succéder, aucune espèce de prescription pour les priver du droit de revendiquer un fief dont leurs auteurs avaient perdu la possession en y renonçant ou en l'aliénant de toute autre façon : 1° parce que la prescription ne pouvait courir contre les agnats avant leur naissance, vu qu'alors leurs droits étaient encore dans le néant comme eux et ne pouvaient en conséquence être altérés ou frappés d'une déchéance quelconque; 2° parce

---

(1) Feudorum lib. 2, tit. 87 et 80; lib. 1, tit. 26 in fine; lib. 2, tit. 8, etc...

(2) Verri, de Jur. et privileg. fisc. lib. 4, § nulla; Richeri, Tractatus de feudis, lib. 2, tit. 12, § 857 et 849.

(3) Sola, de alien. bon. feudal., glos. unic., num. 19 et 20; id. de feud. par. 3, glos. unic. num. 10; Richeri, op. cit. lib. 1, tit. 7, § 267, et lib. 2, tit. 12, § 838 in fine et 861.

(4) Cod., de annali except., § 1 in fine; feudorum lib. 2, tit. 40, § 1 in medio: et tit. 55, § 1 in medio, etc...

qu'avant la mort de leurs ascendants, les enfants n'ayant encore aucun droit ouvert sur le fief qui devait leur échoir plus tard ne pouvaient agir, et que contre celui qui ne pouvait l'empêcher de courir, la prescription ne se réalisait pas (1).

Maintenant, l'empereur Léopold Ier était-il de bonne foi, quand pour s'emparer du domaine utile du Milanais, il violait à la fois et la loi fondamentale qui lui faisait un devoir de nommer un feudataire à chaque fief de son empire et son serment d'observer ce même édit perpétuel de Charles-Quint qui l'obligeait dès la mort de Charles II roi d'Espagne à donner l'investiture du duché de Milan et de ses dépendances à Victor-Amédée II duc de Savoie, sous peine d'encourir une amende de 10,000 marcs d'or pur, dont une moitié devait appartenir à la partie-lésée (2) ?

Sa possession pouvait-elle être bien légitime quand, en l'absence de tout titre valable en sa faveur, il abusait arrogamment de sa puissance et de sa suprématie pour réduire au silence un prétendant bien fondé, mais beaucoup plus faible que lui? Et agissait-il loyalement en se rendant ainsi justice à lui-même de par le seul droit de la force, au lieu de soumettre la décision du différend à la haute Cour compétente ou à des arbitres (3) ?

Evidemment non, car jamais la spoliation ne passera

---

(1) Osasco decis. 177 in princip. et 281 num. 20 ; Richeri, op. cit. lib. 2, tit. 12, § 858, 859 et 860.

(2) Voir la clause pénale insérée à la fin du diplôme de Charles Quint.

(3) Feudorum lib. 2, tit. 34, 45 et 46 ; Grotius, op. cit. lib. 2, cap. 7, num. 2.

pour un titre, et jamais l'acte inique ne deviendra juste et légal. Ce qui est vicieux dès le principe, a dit le législateur, ne peut devenir bon et valable par le seul effet du cours des temps (2).

Donc, si la possession du premier usurpateur des droits de la Maison de Savoie sur l'ancien Etat de Milan n'a pu engendrer une prescription, celle de ses successeurs qui n'en était que la continuation n'a pu avoir plus de valeur et d'efficacité. Et c'est en vain que la Maison d'Autriche a persisté dans son injuste occupation de ce territoire sous les règnes de Joseph Ier, de Charles VI et surtout de Marie-Thérèse.

Nul, en effet, moins que cette princesse n'aurait pu prétexter ignorance des droits du roi de Sardaigne, puisque ce fut pour flétrir son opiniâtreté, faute de pouvoir la vaincre sans recourir à la voie des armes, que Charles-Emmanuel III en appela au jugement du monde entier par son manifeste de 1744.

Indépendamment du vice si palpable de mauvaise foi et de violence dont elle est entachée, la possession exercée par la Maison d'Autriche aurait-elle eu les autres caractères de durée et de continuité voulus par les lois? Impossible de le soutenir.

L'histoire est là pour prouver que dès le 1er novembre 1700, date de l'injuste occupation du Milanais par l'empire d'Allemagne, cette province n'a jamais été possédée paisiblement et sans interruption par l'Autriche pendant 100 ans ni même pendant 30. Témoin les invasions de la Lombardie par la France agissant

(2) **Feudorum** lib. 2, tit. 55, § 1 in medio: Richeri, op. cit. lib. 2, tit. 12, § 858.

tantôt seule tantôt de concert avec la Sardaigne, durant les longues guerres pour les successions d'Espagne, de Pologne et d'Autriche, puis dès 1796 jusqu'en 1815. Témoin en outre la conquête de Charles-Albert en 1848. Car, si l'on déduit les 29 ans 5 mois et quelques jours qui s'écoulèrent entre la renonciation faite à Worms et la mort de Charles-Emmanuel III, puis toute la durée du règne de Victor-Emmanuel Ier, depuis sa restauration, puisque d'après la loi aucune prescription n'a pu courir pendant ces intervalles au détriment des successeurs de ces deux princes, on voit que la possession des empereurs est de plus en plus réduite et morcelée.

Mais il est temps de clôre ces arides discussions et de conclure que ni par l'effet des renonciations formelles ou implicites insérées dans les traités dès 1743 jusqu'à nos jours, ni par prescription ou autrement, Victor-Emmanuel II n'a pu perdre ses droits sur les pays situés au-delà des limites données à ses Etats en 1815. Et il suit de là, que, même en l'absence de la cession faite dernièrement à Villafranca et à Zurich, le roi de Sardaigne aurait eu le droit, surtout au vu des votations populaires, d'annexer à son royaume tout l'ancien duché de Milan et ses dépendances, puisqu'à l'occasion de la dernière guerre, la France avait hautement déclaré renoncer à tous droits de conquête en Italie.

CHAPITRE IV.

Droits de souveraineté conférés directement par le peuple au roi de Sardaigne, en 1848, sur le royaume Lombard-Vénitien et sur les duchés de Modène et de Parme et Plaisance. — Leur acceptation par le gouvernement Sarde. — Confirmation de ces droits par les populations du Modenais, du Parmesan et du Plaisantin en 1859.
— Votes émis dans le même sens en Toscane. —
Motifs de justice et de haut intérêt politique qui militent en faveur de la réunion définitive de la Toscane et des duchés de Modène et de Parme et Plaisance à la Lombardie et aux Etats-Sardes sous le sceptre de la Maison de Savoie.

Le 18 mars 1848, c'est-à-dire le jour même du soulèvement de Milan et de l'expulsion de la garnison autrichienne par les patriotes lombards, deux nobles milanais à l'âme ardente et au cœur généreux, le comte François Arese et le comte Henri Martini, étaient allés en toute hâte implorer à Turin le secours des armes piémontaises.

A cette occasion, et surtout depuis qu'on eut reçu une réponse favorable, le docteur Charles Cattaneo, aidé de quelques adeptes, commença à fomenter de regrettables dissensions dans la ville en s'efforçant de montrer au peuple l'intervention armée de Charles-

Albert comme un fâcheux présage de sa future destinée politique.

Pour étouffer ce germe de discorde, la commission municipale, érigée en gouvernement provisoire, et toute composée d'hommes d'ordre et de progrès inspirés des meilleurs sentiments, s'empressa de faire publier, dès le 22 mars, la proclamation suivante :

« Pendant que dure la lutte, il est inopportun d'é-
« mettre des opinions sur les futures destinées poli-
« tiques de notre chère patrie.

« Nous sommes appelés pour le moment à conqué-
« rir l'indépendance, et les bons citoyens ne doivent
« pas s'inquiéter actuellement d'autre chose que de
« combattre.

« Après la victoire, nos destinées seront discutées
« et fixées par la nation. »

Malgré cette sage précaution, la commission gouvernementale ne put éteindre le brandon de discorde. Cattaneo, par esprit de haine et d'animosité personnelle contre Charles-Albert et contre le podestat Casati, et après lui Mazzini au nom du parti républicain, puis Baraldi, Oldini et Mazzoldi, agents secrets de l'Autriche, continuèrent si bien, par leurs déclamations dans les clubs et par leurs écrits, de fomenter toujours plus l'agitation, que le parti modéré et constitutionnel fut contraint de mettre tout en œuvre pour empêcher la guerre civile (1).

---

(1) *Milano e i Principi di Savoja*, Cenni storici di Antonio Casati, 1re édition, chap. 5, §§ 6 et 7.

Les débats se prolongèrent donc de part et d'autre jusqu'au 23 avril même année, époque où, dans leur impatience, les constitutionnels envoyèrent une députation au camp de Charles-Albert. Cette députation portait une adresse couverte de plus de 10,000 signatures, demandant la fusion immédiate de la Lombardie avec le Piémont. De là vint l'épithète de *fusionistes* dont furent qualifiés les partisans du régime monarchique-constitutionnel.

Cette démarche, au lieu de déconcerter le parti opposé, ne fit que l'aigrir davantage, et le conflit s'envenima. Toutefois, la cause des *fusionistes* gagna beaucoup au milieu de ces querelles de partis. Et quand on sut qu'elle avait acquis la sympathie de l'immense majorité des populations lombardes, du gouvernement piémontais et des cabinets de Paris et de Londres, on comprit qu'il fallait commencer à agir; mais on hésita toujours en pensant qu'il valait mieux attendre que le canon eût cessé de tonner sur le sol lombard.

On créa cependant une commission chargée d'élaborer la loi électorale, et on invita les gouvernements provisoires de Modène, de Parme, de Plaisance et de Reggio à envoyer chacun un représentant au sein de cette commission.

Dans l'intervalle, les événements s'étaient succédé avec tant de célérité dans le Plaisantin, que des registres avaient déjà été ouverts au public, avec invitation à chaque citoyen d'y inscrire son vote *pour l'annexion immédiate au royaume Sarde, ou pour la prorogation du vote à une autre époque.*

Cet exemple produisit son effet en électrisant le peuple des provinces, dont l'initiative devait vaincre les derniers scrupules du gouvernement central.

Ainsi, de Brescia on envoya une députation au roi pour lui témoigner le désir de l'annexion, et à Lodi, le conseil provincial lui transmit une adresse dans le même but. A Bergame, une pétition se signa, et à Crémone, on mit le gouvernement en demeure de prendre un parti.

De toutes parts, enfin, on écrivit que l'annexion était le vœu général, et que si Milan continuait d'hésiter, les provinces voteraient seules.

Bien plus, la légion lombarde, commandée par Griffini, prit aussi part au mouvement, et, des rives de l'Adige, où elle se trouvait campée, elle notifia au gouvernement qu'elle avait voté dans le sens de la fusion.

Enfin, Vincent Gioberti s'était rendu à Milan pour y prêcher à son tour l'union au Piémont, et disputer à Mazzini la palme des ovations populaires. Et pressé d'entraîner le gouvernement dans le mouvement général, le *Circolo patriotico* lui fit une adresse qui se couvrit de signatures.

Il fallut donc céder : et, après deux jours de délibération, mû par le désir sincère d'éviter une guerre civile, et d'encourager toujours plus les troupes et le gouvernement sardes ; stimulé aussi par l'exemple de Plaisance, de Modène, de Reggio et de Parme, qui avaient déjà clos leurs registres, et où la presque unanimité des suffrages s'était prononcée pour l'annexion au Piémont, le gouvernement provisoire fit publier le 12 mai le décret tant attendu, portant convocation de tout citoyen âgé de 21 ans à se rendre dans le chef-lieu de sa commune pour y inscrire, avant le 30 du même mois, son vote *pour l'union immédiate avec le Piémont*, ou *pour le renvoi de la votation*, comme cela s'était pratiqué à Parme, à Plaisance, à Modène et à Reggio.

La promulgation de ce décret combla de joie et d'espérance le roi Charles-Albert, ainsi que tous les vrais patriotes piémontais; et, loin de porter ombrage aux autres gouvernements italiens, cet acte reçut aussi leur pleine et entière approbation.

Lord Palmerston en témoigna pareillement sa satisfaction au nom du cabinet britanique, d'abord directement au marquis Bossi, envoyé du gouvernement provisoire, puis indirectement au marquis de Brignole-Sales, ambassadeur sarde à Paris, par l'intermédiaire de lord Normamby (1).

Fier de tant de succès, le parti *fusioniste* régnait en souverain, et son influence devint si grande, que, pour empêcher qu'elle nuisît à la liberté de la votation, le comité de sûreté publique fut obligé de pu-

---

(1) Le marquis Bossi, rendant compte dans sa lettre du 20 mai 1848, de son entrevue avec lord Palmerston, raconte que cet illustre homme d'Etat s'écria. après avoir pris connaissance du décret du 12 mai : *Cela me fait grand plaisir : c'est ce qu'il peut y avoir de mieux pour le bien de l'Italie et pour la paix de l'Europe ;* qu'ensuite prenant une carte géographique, il y traça les confins du nouveau royaume, en y comprenant toute la Lombardie et la Vénétie, puis les duchés de Parme et Plaisance et celui de Modène. (*Milano e i principi di Saroja*. 1re édition, page 342).

blier, le 15 mai, un avis invitant les citoyens à respecter toutes les opinions, à ne porter aucune atteinte à l'indépendance du vote, et à s'abstenir de toute démonstration violente en faveur d'un parti, sous peine d'être poursuivis judiciairement.

Ce nonobstant, le parti de Charles Cattaneo, les émissaires de l'Autriche, et peut-être aussi les Mazziniens, voulurent tenter un dernier effort contre les partisans de la fusion. C'est dans ce but que furent dirigés contre le gouvernement provisoire l'émeute du 28 mai et l'assaut du lendemain 29. Mais, grâce au courage civique du brave podestat Casati, et à la ferme contenance des autres magistrats siégeant à ses côtés, force resta à la loi et l'ordre fut rétabli. Aussi, le 8 juin, la nation eut enfin la satisfaction d'apprendre officiellement que le résultat du dépouillement général des votes donnait 561,002 suffrages en faveur de l'union immédiate avec les Etats-Sardes, et 681 seulement pour le renvoi de la votation après la guerre. Et, le surlendemain 10, le même Casati eut l'honneur de présenter directement au roi le procès-verbal constatant cet heureux résultat, et de lui annoncer en même temps que la Lombardie s'était définitivement placée sous son sceptre.

Cette façon d'agir des provinces lombardes fut pour la Vénétie un précédent qu'elle ne pouvait tarder à suivre. Mais le parti républicain régnait en maître dans la vieille cité de Saint-Marc, et son influence devenait un obstacle bien puissant à la libre manifestation des vœux du parti monarchique-constitutionnel.

Pour obvier à cette difficulté, les villes de la province commencèrent, comme en Lombardie, à donner l'impulsion, dans l'espoir d'entraîner ensuite la capitale dans le mouvement général.

Ainsi, Vicence d'abord, puis Padoue, Rovigo et Trevise firent publier directement le décret du gouvernement provisoire de Milan, en date du 12 mai; successivement, elles invitèrent Venise à se prononcer, en lui signifiant que si elle n'avait pris aucune décision avant le 4 juin, elles enverraient leurs représentants à Milan.

Cette espèce de sommation, jointe aux pressantes sollicitations de l'envoyé Restelli, chargé d'affaires du gouvernement de Milan près la république de Venise, ébranlèrent les ministres vénitiens.

En conséquence, la convocation d'une assemblée représentant la province fut décrétée et fixée au 18 juin, puis on publia la loi électorale provisoire, élaborée sur les bases du vote direct et universel, et fixant le nombre des députés à raison d'un sur 2,000 habitants.

Les élections eurent lieu les 9 et 10 juin, et elles donnèrent la majorité aux candidats du parti *fusioniste*.

Sur ces entrefaites, la capitulation de Vicence et les progrès de l'armée ennemie, qui s'était avancée jusques sous les murs de Malghera, firent ajourner au 3 juillet la convocation de l'assemblée.

Au jour fixé, sa première réunion eut lieu; et après l'élection des membres du bureau et l'adoption d'un règlement, elle mit en discussion la grande question de l'*union*.

Après le discours du député **Tommaseo**, tendant à faire renvoyer la votation à l'issue de la guerre, et celui du représentant Paleocapa, favorable à l'annexion, Manin engagea les républicains à sacrifier leurs propres opinions à l'intérêt général de la patrie, et le dépouillement du scrutin qui eut lieu bientôt après, constata que sur 133 votants, 130 demandaient une décision immédiate et 127, la fusion avec la Lombardie et les Etats-Sardes.

Ce résultat fut accueilli avec beaucoup de joie, car le soir même la garde nationale donnait une sérénade au chargé d'affaires milanais, et sur la place St-Marc, la foule se promenait en criant : *Vive Charles-Albert! A bas la république!*

Le jour suivant, on procéda à la reconstitution du gouvernement provisoire, et aussitôt après son installation, une adresse fut portée au roi, puis deux ministres partirent pour Turin afin de s'entendre avec les commissaires milanais sur le mode à adopter pour gouverner le pays. Après mure délibération, le ministère piémontais avait présenté à la Chambre des députés sardes un projet de loi portant acceptation de l'annexion des provinces lombardes, puis des provinces vénitiennes, et contenant les bases de leur système provisoire de gouvernement.

Ce projet, après maints débats, fut scindé en deux parties. La première, concernant exclusivement l'acceptation de l'annexion, fut approuvée le 28 juin par la Chambre élective, et le 16 juillet, par le Sénat. La seconde, qui avait trait au système provisoire de gouvernement, ne fut adoptée que le 10 juillet par les députés, et le 19 du même mois, par les sénateurs. Mais l'une et l'autre ne concernaient encore que les provinces lombardes. Quant à l'annexion des provinces vénitiennes seules, elle ne put être votée au Sénat que le 24 du même mois, sous les mêmes conditions que celle des provinces lombardes. Ce dernier vote couronna l'œuvre tant désirée de la fusion; car l'union des duchés de Parme et Plaisance et de Modène avait déjà été définitivement sanctionnée par les lois des 27 mai et 16 et 21 juin précédents.

Il est même très à propos de remarquer, relativement au duché de Parme et Plaisance, dont les populations s'étaient prononcées si unanimement et avec tant d'empressement, d'ordre et de régularité, pour leur réunion au royaume de Sardaigne, que cette réunion reçut encore d'elles ultérieurement une double ratification.

En effet, les décrets royaux des 29 mai et 19 juin 1848 ayant divisé le territoire de ce duché en 18 collèges électoraux, et ces collèges ayant été appelés deux fois à envoyer leurs représentants à Turin, ils répondirent tous à l'appel la première fois, à l'exception d'un seul, celui de Traversetolo; et la seconde fois, six seulement durent s'abstenir, faute du nombre voulu d'électeurs inscrits. Mais il faut noter que cette deuxième élection de députés eut lieu presque à l'ombre des baïonnettes autrichiennes, puisqu'elle ne précéda que de quelques semaines la défaite de Novare.

On voit par l'ensemble de ces faits, qu'un grand acte s'était accompli en 1848 entre la Maison royale de Savoie et les peuples vivant dès longtemps sous son sceptre d'une part, puis les populations de presque tout le royaume Lombard-Vénitien et des duchés de Modène, Parme et Plaisance d'autre part. C'était un pacte indissoluble d'union et de confraternité, conclu librement et irrévocablement, et solennellement consacré par les lois des 27 mai, 16 et 27 juin et 11 et 27 juillet.

En vertu de ce pacte, toutes ces populations déjà sœurs par les mœurs, les usages, les anciens souvenirs historiques, la langue, les gloires littéraires et artistiques, les relations de bon voisinage, l'identité des intérêts et la communauté d'origine, se liaient à tout jamais pour vivre d'une vie commune sans changer de patrie, sous la domination des princes de l'antique et illustre famille de Savoie-Carignan. Puis, la nouvelle nation s'inscrivait elle-même sur la carte sous le nom de royaume de la Haute-Italie.

C'est cet hommage rendu si spontanément par les peuples eux-mêmes aux grands principes de la nationalité et de l'indépendance italiennes, hommage devant lequel l'Europe entière eut tort alors de ne pas forcer l'Autriche à s'incliner, qui formait un des titres auxquels Victor-Emmanuel II fut contraint de renoncer en signant le traité de paix du 6 août 1849.

Mais, comme on l'a prouvé dans le précédent chapitre, ce traité ne peut plus lier aujourd'hui le roi Victor-Emmanuel II, puisqu'il a été violé ouvertement par l'Autriche. Donc, la clause de renonciation qu'il contient doit être considérée comme non-avenue ; et les droits résultant de la votation populaire de 1848 ont repris toute leur force. Bien plus, ils se sont encore puissamment corroborés dès lors à Modène et à Parme et Plaisance, car les populations de ces duchés les ont tout récemment confirmés et solennellement sanctionnés par de nouveaux votes.

Ainsi, dans le Modenais, on couvrit de signatures les registres ouverts au public dès le 16 juillet dernier pour protester contre la restauration du duc et demander l'annexion au Piémont. Ensuite, M. Farini, en proclamant, le 28 dudit mois, qu'il acceptait la dictature à lui conférée après le rappel du commissaire extraordinaire du roi de Sardaigne, annonça la prochaine convocation des comices électoraux. Et, après avoir publié, le 1ᵉʳ août suivant, un décret comminatoire de peines graves contre quiconque attenterait à la liberté du vote électoral, il convoqua, quatre jours après, par un autre décret, tous les électeurs pour les 14 et 15 du même mois, en fixant au lendemain 16 la réunion des députés élus. Puis, dans sa séance du 19 dudit mois, sur initiative du marquis Fontanelli et de plusieurs autres représentants, l'assemblée nationale vota à l'unanimité, au milieu des applaudissements de la foule remplissant les tribunes, la prise en considération d'une proposition décrétant la déchéance de la dynastie *Austro-Estense* et l'exclusion à perpétuité de toute autre branche de la famille de Habsbourg-Lorraine. Et le lendemain 20, eut lieu, aussi à l'unanimité, l'approbation motivée de cette proposition. Ensuite on prit en considération, avec le même ensemble, une autre proposition présentée par le député Meramotti dans le but de faire voter l'annexion du Modenais au royaume monarchique-constitutionnel de la glorieuse Maison de Savoie, sous le sceptre de Victor-Emmanuel II : proposition qui fut votée unanimement comme les autres dans la séance du 24, après la lecture du rapport fait par M. Bartolucci. Et ce vote, suivi immédiatement de celui qui confirmait la dictature à M. Farini, en l'autorisant à faire un emprunt de 5 millions, fut acclamé par des cris mille fois répétés de Vive le roi !

Dans les duchés unis de Parme et Plaisance, il y a eu diverses espèces de manifestation du vœu populaire, aboutissant toutes au même résultat : l'annexion de ces pays au royaume de Sardaigne. La première fut celle des *Anzianati*, ou corps municipaux, tous composés d'hommes choisis par le gouvernement déchu.

La seconde consista dans l'adhésion de tous les corps et de toutes les autorités constituées, suivie du serment de fidélité au roi Victor-Emmanuel II, prêté par tous les fonctionnaires publics.

La troisième résulta d'abord du nombre considérable de signatures dont se couvrirent les registres ouverts au public dans maintes localités, et ensuite d'un vote populaire émis plus directement encore. C'est en vertu d'une proclamation publiée le 8 août dernier par M. Manfredi, auquel M. Pallieri, commissaire extraordinaire du gouvernement Sarde, avait remis ses pouvoirs, que le peuple fut appelé à se prononcer. Cette proclamation invitait chaque citoyen ayant dépassé l'âge de 21 ans révolus, à déposer, du 14 au 21 août, son vote *pour* ou *contre* le plébiscite suivant : « Les populations du Parmesan et du Plai-« santin veulent être réunies au royaume Sarde sous « le gouvernement constitutionnel du roi Victor-Em-« manuel II. » Et le dépouillement du scrutin donna 63,167 suffrages pour l'annexion et seulement 504 contre (1).

Ce nonobstant, M. Farini, que les conseils municipaux de Parme et de Plaisance nouvellement constitués avaient aussi appelé à la dictature, voulut encore consulter une fois le pays en convoquant une assemblée comme à Modène.

En conséquence, les élections eurent lieu le 4 septembre, et, trois jours après, les représentants furent réunis à Parme pour inaugurer leur session. Or, dans leur séance du 11 même mois, ils approuvèrent à l'unanimité la proposition présentée la veille et prononçant la déchéance des Bourbons et l'exclusion à perpétuité de tout prince de cette Maison du gouvernement du pays. Puis, le même jour, ils prirent en considération et le lendemain 12 ils votèrent unanimement et au scrutin secret l'annexion du Parmesan et du Plaisantin au royaume de Sardaigne, sous le

---

(1) Publication faite officiellement dans la Gazette de Parme du 3 septembre 1859.

sceptre de la glorieuse dynastie de Savoie; après quoi, ils confirmèrent M. Farini dans ses fonctions de dictateur, et ils l'autorisèrent à emprunter 5 millions pour les besoins de l'État.

Pour obéir aux volontés de la nation, le dictateur fit publier, le 2 septembre à Modène et le 17 du même mois à Parme, le Statut ou Charte constitutionnelle des États-Sardes en date du 4 mars 1848 ; et il n'a cessé depuis de travailler activement à la réalisation tant désirée du projet de fusion définitive, si instamment recommandée à son zèle patriotique par les mandataires du peuple.

C'est ainsi qu'a été renouvelé en 1859, à la satisfaction de tous les vrais amis de la cause italienne, ce pacte solennel de 1848 destiné à réunir le sort politique des populations parmesanes et modenaises à celui du royaume Sarde.

Et si les plaintes douloureuses de la Vénétie n'ont pu se changer encore en des chants de délivrance; si la mâle vaillance de ses fils n'a pu en 1859 convertir, comme elle l'avait fait il y a onze ans, le funèbre linceul qui recouvre la ville de S. Marc en un glorieux symbole de résurrection et de vie ; on a vu avec joie les enfants de la Toscane, cette autre noble terre que l'aigle autrichienne retenait dans ses serres, venir gaîment prendre place à côté de la Lombardie, parmi les nouvelles provinces du royaume subalpin.

De fait, abandonnée dès le 27 avril par son grand-duc, Florence avait vu s'installer dans ses murs un gouvernement libéral, à la faveur duquel elle put se prononcer librement sur son avenir politique. Et, à son exemple, les autres villes et communes de l'ancien grand-duché voulurent aussi prendre une décision analogue par l'organe de leurs administrateurs municipaux. Cet acte de souveraineté populaire eut lieu dans 179 villes ou communes, représentant ensemble une population de 1,406,211 habitants. Or, sur ce nombre, 176 d'entre elles, habitées par 1,377,246 personnes, ont voté leur annexion au Piémont par 1,043 suffrages contre 21. Deux autres, S. Miniato et Incisa, dont la population réunie donne un chiffre de 18,902, ont émis un vote suspensif; et une seule, Regello, ayant 10,063 habitants, a rejeté l'annexion, au moyen de 5 suffrages (1).

En outre, un décret du 30 juillet ayant convoqué le peuple pour élire des représentants, ceux-ci se réunirent à Florence dès le 11 août; et dans leur séance du 16 même mois, ils approuvèrent à l'unanimité et au scrutin secret la motion du marquis Ginori-Lisci, prononçant la déchéance de la dynastie *Austro-Lorenese*, et la prise en considération de celle du marquis Mansi, déclarant que le vœu de la Toscane est de faire partie d'un puissant royaume constitutionnel, sous le sceptre du roi Victor-Emmanuel II. Puis, cette dernière motion mise aux voix quatre jours après, c'est-à-dire dans la réunion du 20, fut adoptée unanimement et accueillie par des milliers de vivat.

Dès lors, l'écusson de Savoie remplaça à Florence

(1) **Moniteur toscan** du 30 juillet 1859.

comme à Parme et à Modène, les armes des gouvernements déchus. Une ligue militaire s'organisa ensuite entre les trois duchés pour leur défense commune : et toutes les réformes administratives qui y furent introduites, acheminèrent de plus en plus ces provinces vers le but proposé d'identifier leur mode de gouvernement avec celui des Etats-Sardes. A cet effet, la justice commença à se rendre au nom du roi que la nation venait de se donner, et les fonctionnaires publics durent lui jurer fidélité ; on reconnut mutuellement la validité des grades académiques conférés par les universités des divers pays unis, on décréta l'uniformité des poids et mesures et celle des tarifs postaux, et on abolit réciproquement les lignes douanières, puis l'obligation des passeports et celle des lettres rogatoires en matière judiciaire.

Enfin, par décisions adoptées à l'unanimité le 7 novembre à Parme et à Modène, et à la majorité de 163 voix contre une le surlendemain à Florence, les représentants du peuple ont conféré la régence au prince Eugène de Savoie-Carignan, pour qu'il administrât et gouvernât ces contrées au nom du roi Victor-Emmanuel II. Et après avoir accepté cette mission le 13 du même mois, ce prince a délégué, pour la remplir en son nom, S. Exc. le commandeur Boncompagni.

Ainsi les choses sont arrivées au point qu'il ne manque plus aujourd'hui que la sanction de l'Europe, pour couronner à tout jamais cette œuvre d'union et d'assimilation politique qui est le seul gage certain du repos et de la prospérité de cette vaste et si intéressante portion de l'Italie.

Et pourquoi cette sanction se ferait-elle encore attendre? Est-ce que la diplomatie européenne reculerait devant un acte de justice !

Ce n'est cependant pas autre chose qu'on exigera d'elle en lui demandant de reconnaître et de confirmer comme un fait désormais irrévocable l'annexion du Parmesan, du Plaisantin, du Modenais et de la Toscane aux anciens Etats de la maison de Savoie.

D'abord, quant au Parmesan et au Plaisantin, cela ne peut être sujet à contestation, puisqu'on a vu qu'ils formaient réellement une appartenance du duché de Milan à l'époque où Charles-Quint régla l'ordre de succession de ce duché. D'où il suit qu'ils auraient dû en suivre le sort politique et être soumis dès le commencement du siècle dernier, ainsi que le Milanais, à la souveraineté du duc de Savoie Victor-Amédée II, qui en aurait transmis la possession à ses descendants selon l'ordre établi par l'édit perpétuel de 1549. Et, comme les bénéfices et prérogatives dérivant de ce titre et afférents aujourd'hui au roi Victor-Emmanuel II, loin d'avoir périclité, se sont corroborés, quant au Plaisantin seul, de toute la force des droits conférés par le traité de Worms, et, quant aux deux duchés réunis, de toute l'autorité des votes populaires émis en 1848 et en 1859, il devient évident que l'annexion de ces deux provinces au royaume de Sardaigne ne serait que le redressement d'un tort et la réparation d'une injustice.

Il en est à peu près de même relativement au Modenais et à la Toscane. On sait en effet que les princes qui occupaient les trônes de ces duchés avant l'invasion française de la fin du dernier siècle, et depuis 1815, sont des archiducs d'Autriche appartenant tous, de fait et de droit, à la famille de Habsbourg-Lorraine (1) : Maison dont l'origine remonte au mariage de Marie-Thérèse avec le prince François III, duc de Lorraine dès 1729, puis grand-duc de Toscane sous le nom de François II dès 1737, après la mort de Jean-Gaston de Médicis, et enfin empereur d'Allemagne sous le nom de François Ier, en vertu de la *pragmatique-sanction*, depuis la mort de Charles VI, arrivée en 1740 (2).

(1) Le duc de Modène Hercule III, dernier prince de la Maison d'Este, ne laissa en mourant qu'une fille, Marie-Béatrix, qui épousa, en 1771, l'archiduc Ferdinand d'Autriche. De ce mariage est issu le duc François IV, mort en 1846, et père du duc de Modène actuel François V. Cette nouvelle tige des archiducs d'Autriche a formé la famille d'Este Habsbourg-Lorraine.

Quant à la Toscane, elle est restée unie à l'empire d'Autriche jusqu'à la mort de l'empereur François Ier, époux de Marie-Thérèse qui avait reçu ce grand-duché, en échange de la Lorraine, à l'extinction des Médicis. Dès lors, elle a été séparée de l'empire. Et le grand-duc Léopold, qui régnait à Florence avant la dernière guerre, descend en ligne directe de l'archiduc d'Autriche Ferdinand III, fils de l'empereur Léopold II et frère de l'empereur François II. Sa famille forme ce que l'on a appelé une *secondo-géniture* de la Maison de Habsbourg-Lorraine.

(2) Voir la note explicative mise au bas de la page 10.

Ces archiducs sont par-là même obligés, comme l'empereur François-Joseph et solidairement avec lui, au paiement des dettes de leur famille. Or, il a été démontré précédemment que la Maison d'Autriche est débitrice à plusieurs titres envers celle de Savoie. Ainsi, elle l'est par suite des services éminents qu'elle en a reçus depuis la convention provisionnelle du 1er février 1742 : services qui ont continué jusqu'en 1748, et dont l'importance avait déjà été reconnue et hautement avouée par Marie-Thérèse elle-même dès 1743, dans l'article 9 du traité de Worms. Elle l'est faute d'avoir maintenu dès la paix d'Aix-la-Chapelle l'effet des cessions de territoires stipulées à Worms à titre onéreux. Elle l'est, en troisième lieu, par l'effet de son injuste occupation de l'ancien duché de Milan dès le 1er novembre 1700, et pour avoir, dès cette même époque, ou usurpé directement, ou abandonné ou cédé à d'autres la possession du Parmesan et du Plaisantin, qui, de son propre aveu, en formaient une appartenance. Et elle doit enfin l'être jusqu'à concurrence, 1° du montant des frais de la guerre de 1848 et de celle de 1859, puisque, de la part des rois de Sardaigne, elles ont eu pour but direct la revendication de leurs droits de souveraineté sur le Milanais et ses dépendances, si déloyalement usurpés ; 2° du montant des indemnités payées ou à payer à l'issue de ces deux guerres et qui s'élèvent à 135 millions de francs, dont 75 payés à l'Autriche elle-même en exécution du dispositif du § 1er des articles séparés et additionnels du traité de Milan du

6 août 1849, et le surplus dû à l'empire Français, d'après le traité qui vient d'être conclu à Zurich.

Il a été également prouvé que la cession de la Lombardie jusqu'au Mincio, consentie à Villafranca et confirmée à Zurich, était loin de solder la dette de l'Autriche envers le roi de Sardaigne. Effectivement, lors même qu'on joindrait encore aux provinces déjà cédées les duchés de Parme et Plaisance, comme l'empereur Napoléon III paraît le désirer, le capital seul de la dette résultant du diplôme de Charles-Quint se trouverait acquitté. En conséquence, il resterait encore à opérer la restitution des bénéfices de tout genre réalisés pendant l'indue occupation, puis à payer l'indemnité due à raison du retard apporté dans l'exécution de l'obligation portée par le même diplôme, ainsi que les 135 millions plus haut mentionnés et les autres frais de guerre, et enfin la plus grande portion de la dette en principal et accessoire résultant des services reçus tant avant qu'après le traité de Worms.

Et maintenant que le traité de Zurich est un acte accompli, et que l'empereur d'Autriche a dit son dernier mot et fait toutes les concessions qu'il a été possible d'obtenir sans continuer la guerre, est-ce que le roi de Sardaigne, faute d'avoir pu être pleinement désintéressé par le chef de la Maison de Habsbourg-Lorraine sa débitrice, n'est pas bien fondé à s'adresser aux autres membres de cette famille, qui sont codébiteurs, et notamment aux archiducs de Modène et de Toscane ? Y a-t-il un principe de droit naturel ou de droit positif qui s'y oppose ? On serait fort embarrassé de le citer.

Il faut donc admettre que, tout au moins jusqu'à ce que la Maison de Habsbourg-Lorraine ait intégralement satisfait à ses obligations envers le roi Victor-Emmanuel II, ce monarque ne fait qu'user de son droit en demandant que les Etats du duc de Modène et du grand-duc de Toscane soient réunis aux siens, selon les intentions des populations de ces duchés.

Car, ou ces deux princes se disent propriétaires absolus et exclusifs de la souveraineté des duchés dont il s'agit, ou bien ils pensent que tous droits sur ces pays appartiennent au peuple. Dans le premier cas, on peut les forcer à subir la loi commune d'après laquelle tous les biens d'un débiteur sont le gage de ses créanciers. Dans le second cas, ils doivent s'incliner devant la volonté du peuple, qui a nettement proclamé leur déchéance et transféré les droits de souveraineté dont ils jouissaient précédemment, sur la tête du roi Victor-Emmanuel II et de ses successeurs.

Au reste, en envisageant la question sous un autre rapport, on peut encore dire, avec raison, qu'en étant dépossédés de leur trône, les archiducs de Modène et de Toscane ne subiraient qu'un sort bien mérité.

De fait, quelle a été la véritable cause de la dernière guerre? Personne ne l'ignore, c'est l'opiniâtre et incorrigible persistance de la Maison d'Autriche à vouloir étendre outre mesure, au mépris de l'équité et malgré la lettre et l'esprit des traités, sa puissance et son influence en Italie. C'est, en un mot, ce même esprit de déloyauté et ce même penchant à s'enrichir aux dépens d'autrui, dont elle avait depuis plus de

150 ans donné tant de preuves à la Maison de Savoie. Et quelle fut la véritable origine de cette puissante prépondérance si nuisible à l'indépendance des autres États italiens et si menaçante pour la paix de l'Europe? C'est son usurpation des droits de Victor-Amédée II en Lombardie; car, avant la mort du roi d'Espagne Charles II, l'empire d'Allemagne ne possédait à peu près aucune terre dans la péninsule, et il n'avait que de simples droits de haute suzeraineté sur des fiefs relevant de l'empereur (1).

Or, puisque c'est la Maison d'Autriche elle-même, par sa politique déloyale, qui a occasionné la dernière guerre, peut-il être injuste de lui en faire supporter les conséquences? Il serait déraisonnable et illogique de le prétendre : surtout si l'on considère qu'en embrassant bien librement et volontairement le parti de l'empereur d'Autriche, tant avant que pendant cette guerre, les ducs de Modène et de Toscane sont à bon droit présumés en avoir ouvertement accepté le sort, c'est-à-dire une ruineuse défaite.

(1) Cela est si vrai, que, si la Maison d'Autriche n'avait pas eu le duché de Milan, jamais son royaume Lombard-Vénitien n'aurait existé; car il n'est pas probable qu'elle eût tenu à s'emparer de celui de Mantoue à la mort du dernier duc de la Maison de Gonzague en 1708. Et d'autre part, il est très certain qu'elle n'aurait jamais acquis la Vénétie, puisque cette riche province ne lui fut donnée par le traité de Campo-Formio qu'en compensation de la perte du Milanais, dont le général Bonaparte s'était emparé pour former le noyau de la république Cisalpine, en attendant la fondation du royaume d'Italie.

D'ailleurs quelles sont les causes directes et immédiates de l'aversion des Toscans, des Parmesans et des Modenais pour leurs princes, aversion qui les a poussés à en prononcer la déchéance? Tout le monde l'a dit : c'est, en premier lieu, le mauvais système de gouvernement par eux adopté dans leurs Etats ; et c'est, en second lieu, cette abnégation de toute dignité et de toute indépendance produite par leur consentement à subir de la part du cabinet de Vienne toutes les conséquences de cette politique de pression qu'il s'est constamment étudié à exercer sur les divers Etats de la péninsule, spécialement depuis 1815 : consentement qui est tout au moins le fruit d'une lâche complaisance, sinon d'une connivence très coupable aux yeux des autres puissances de l'Europe, dont il compromettait indirectement la sûreté en ébranlant un équilibre qu'elles tenaient à conserver. Et, dès que chacun de ces princes était de droit parfaitement libre et maître chez lui, puisqu'ils avaient adopté les uns et les autres le régime de l'absolutisme, qui concentrait entre leurs mains tous les pouvoirs souverains et tous les rouages du gouvernement de leurs peuples, peuvent-ils de bonne foi accuser quelqu'un autre qu'eux-mêmes de leur mauvaise administration, et des résultats qu'elle a produits chez leurs administrés? Très certainement non. Eh bien, il faut avouer alors qu'ils ont été eux-mêmes les instruments de leur ruine, et qu'il ne peut y avoir aucune iniquité à faire accepter à leur encontre, par la diplomatie, l'autorité des faits accomplis.

Chercheront-ils, ces mêmes ducs et archiducs, à abriter leurs droits sous l'égide des traités de 1815? Mais ils les ont eux-mêmes ouvertement déchirés pendant plus de quarante ans, en se plaçant volontairement, comme on vient de le dire, sous le vasselage de l'Autriche, quoique la souveraineté de leurs Etats leur eût été attribuée, par les grandes puissances, franche, libre et exempte de tout lien féodal! Et ils les ont en outre arrogamment foulés aux pieds en 1847, lorsque, toujours pour faire le profit de l'empereur d'Autriche, qui pensait hériter plus tard du Modenais en vertu de son droit de réversion, ils ont si bonnement consenti à arrondir ce duché en y ajoutant : le duc de Parme, les riches territoires de Guastalla et d'Oltrenza, d'un revenu annuel de 800 mille francs. et le grand-duc de Toscane, la Lunegiana.

Or, ne serait-on pas fondé à leur faire un grief d'avoir effectué, seuls et sans le consentement des autres puissances, cet ignoble morcellement de provinces qui faisait revivre l'ère barbare où les destinées d'une nation étaient à la merci du caprice d'un trafiquant de peuples! l'ère où des souverains ambitieux spéculaient honteusement sur les passions désordonnées d'un prince en lui arrachant des provinces entières contre une poignée d'or, souvent dissipé dans la débauche! l'ère enfin où, sans respect pour la dignité de l'homme, la grande famille humaine était comme un vaste bazar où certains potentats échangeaient entre eux, contre un vil intérêt, le droit de conduire à la mort, sur les champs de bataille, un plus grand nombre de soldats, non point comme aujourd'hui, pour le triomphe du droit et de la justice, mais simplement pour le plaisir d'acquérir de la gloire !

Et dès que l'on tient essentiellement à faire triompher en Italie le principe de l'indépendance et celui de la nationalité, pourquoi hésiterait-on à favoriser et à sanctionner dans ce pays l'établissement d'un fort et puissant royaume, placé sous le sceptre glorieux de l'antique Maison de Savoie ? Cette Maison n'a-t-elle pas toutes les sympathies des Italiens eux-mêmes ? La fondation de ce grand Etat monarchique et l'influence qu'il acquerrait ne seraient-elles pas de nature à extirper à tout jamais, dans la péninsule, jusqu'au dernier vestige de cet élément autrichien qu'on reconnaît en avoir fait la ruine ! Puis, l'Italie, comme on l'a jugé nécessaire et comme on le désire avec tant d'ardeur, ne se trouverait-elle pas par-là même bientôt rendue aux Italiens ?

Si, au contraire, on replace les archiducs sur leurs trônes, qu'elle amélioration pense-t-on en retirer au profit de l'Italie ? Leur restauration est-elle susceptible, comme leur déchéance, de produire un acheminement vers la réalisation des deux principes de nationalité et d'indépendance qui doivent former la base de l'arrangement à intervenir ? Et ne serait-elle pas plutôt un levain de division, de sédition même, un véritable brandon de discorde, une source féconde d'embarras et de difficultés de toute nature ?

Une bouche auguste, inspirée par les sentiments

les plus généreux, a bien voulu promettre au nom de ces princes d'utiles réformes (1). Mais quelle assurance a-t-on qu'après les avoir au besoin promises eux-mêmes, ces réformes, ils les réaliseront? Nous dirons plus, qui nous garantira que, même après avoir créé les meilleures institutions, ils les maintiendront? A-t-on donc oublié ce qui s'est déjà passé une fois à Florence, à Parme et à Modène? Et ne sait-on pas que les chartes constitutionnelles qui avaient été publiées en 1848 ont ensuite été rapportées et remises en portefeuille, où elles sont encore? N'y aurait-il même pas tout lieu de craindre que, dans un avenir peu éloigné, par l'effet d'un de ces revirements auxquels on peut s'attendre d'un jour à l'autre de leur part, à cause des liens étroits de parenté qui les unissent à la Maison d'Autriche, les souverains de Toscane et de Modène ne revinssent à leurs erres primitives, en s'enrôlant derechef sous la bannière politique de l'empire allemand? Les affections de famille et les intérêts dynastiques ont tant de puissance sur le cœur humain, que leur influence sur ses déterminations doit être bien grande, et il est nécessaire d'en faire aussi la part.

C'est en vain qu'on opposerait à ces prévisions la garantie que les grandes puissances stipuleraient en commun pour assurer le maintien des nouvelles insti-

---

(1) Les gouvernements restés en dehors du mouvement ou rappelés dans leurs possessions comprendront la nécessité des réformes salutaires. (Proclamation de l'empereur Napoléon III à l'armée d'Italie, datée de Valeggio le 12 juillet 1859.)

tutions et de la nouvelle ligne de conduite politique qui seraient au besoin imposées aux ducs dont on sanctionnerait la restauration. On connaît trop bien la véritable portée et le peu d'efficacité des clauses de cette nature insérées dans les traités, pour y ajouter la moindre importance. Et à quiconque persisterait à vouloir leur attribuer une valeur qu'elles n'ont pas, on citerait victorieusement un exemple tout récent : l'histoire de tant d'événements de la plus haute gravité qui se sont succédé en Europe, depuis et malgré les conventions diplomatiques de 1815, sans avoir provoqué, nous ne dirons pas une guerre, mais même une de ces vaines et futiles protestations dont l'usage est devenu si fréquent.

D'ailleurs, s'il faut placer ces mêmes ducs sous tutelle pour assurer l'ordre dans leurs États, mieux vaut cent fois ne les y rappeler jamais. Car ce serait consacrer à leur occasion le principe inadmissible d'une intervention permanente.

On a aussi parlé d'amnistie. Mais ce moyen est tout à fait impuissant. Jamais il ne ramènera la bonne harmonie entre les dynasties déchues et leurs sujets : il y a trop de gens compromis, sans compter que plus le remède tardera à être appliqué, plus leur nombre augmentera.

Dès que les peuples ont manifesté eux-mêmes de la défiance envers leurs anciens souverains et les autres princes de leur Maison en en prononçant la déchéance, comment pourraient-ils croire à la loyauté d'une promesse, à la sincérité d'un pardon ? Du reste, comment se fier aux effets d'une amnistie, fût-elle des plus larges et des plus générales, quand on sait pertinemment que, sans frapper directement, pour ne pas violer trop ouvertement ses engagements, un gouvernement, quelle que soit sa forme, a mille moyens détournés de satisfaire sa haine et son ressentiment envers certaines individualités!

Il faudrait donc s'attendre à voir, comme après la défaite du roi Charles-Albert, des milliers de familles se condamner à l'exil. De là nouveaux embarras, nouvelles difficultés soit pour les gouvernements qui donneraient asile à ces familles, soit pour ceux dont elles quitteraient le territoire. L'expérience de ce qui s'est passé en semblable occurrence entre le Piémont et l'Autriche pendant les dix années qui viennent de s'écouler en fournit un exemple. Il est, au reste, évident que, puisqu'on prétend vouloir enfin rendre aux Italiens leur patrie, on ne doit pas recourir pour cela à un expédient qui obligerait une foule d'entre eux à déserter leurs foyers.

Enfin, au pis aller, supposons que personne ne s'expatriât et que l'amnistie fût sans limites et sans exceptions. Supposons de plus que les princes rappelés fissent les plus amples concessions, telles que statut constitutionnel basé sur le système représentatif, liberté de la presse, etc.... Croit-on que tout irait bien et qu'on aurait obtenu par là tout ce qu'il faut pour ramener la confiance, l'ordre et la paix? Pas du tout. Chacun usant de son droit, en vertu des nouvelles institutions libérales, chercherait à faire prévaloir son opinion antipathique et hostile au gouvernement. Une opposition formidable, composée de tous les individus compromis par leurs antécédents, ne tarderait pas à surgir, et en se ruant impitoyablement à travers tous les rouages de la machine gouvernementale, elle entraverait l'administration et ramènerait le chaos. Car, pour ne citer qu'une éventualité, qui empêcherait les électeurs de renvoyer à la Chambre élective les mêmes hommes qui y siégeaient quand furent votées la déchéance des anciennes dynasties, l'annexion au Piémont, puis la régence du prince de Carignan? Or, avec de tels députés, les souverains déchus et réintégrés pourraient-ils gouverner?

Et si, au contraire, les ducs rappelés se bornaient à signer une amnistie, puis à faire quelques réformes, sans aller cependant jusqu'à adopter le régime constitutionnel libéral existant dans les Etats-Sardes, peut-on raisonnablement présumer qu'une révolution ne les renverserait pas avant peu? Qu'ainsi l'œuvre à peine achevée par les diplomates, ne serait pas à refaire?

Nous ne le pensons pas, et voici pourquoi. Ces nouveaux gouvernements, installés par la diplomatie étrangère contre le vœu des peuples, n'ayant pour entourage que le dépit et la désaffection, et pour soutien *obligé* que les anciennes recrues du général Garibaldi, seraient évidemment trop faibles pour affronter le moindre échec tant au dedans qu'au dehors : et au premier choc, ils tomberaient encore une fois pour ne plus se relever.

Ainsi, la restauration des anciennes familles souveraines dans les duchés, si on trouve le moyen de l'effectuer sans recourir à l'intervention de la force, comme on l'a formellement promis, ne pourrait jamais être qu'une œuvre éphémère. Et comme, pour atteindre le but qu'on se propose, qui est d'affermir une bonne fois l'ordre en Italie, il faut faire quelque chose de durable, on sera contraint d'adhérer enfin aux vœux des populations et de renoncer à toute autre combinaison.

Beaucoup d'hommes politiques, même de bonne foi, ont cru soulever une objection sérieuse en posant la question suivante : En permettant au roi de Sardaigne d'agrandir ainsi considérablement son royaume, ne troublera-t-on point l'équilibre européen ?

En vérité, il est difficile de comprendre pourquoi on se préoccuperait si fort de cette question à la veille d'un congrès de toutes les puissances signataires des traités de Vienne. De fait, si à propos de l'arrangement des affaires d'Italie, il fallait au besoin remanier la carte de l'Europe pour asseoir nouvellement et sur de solides bases l'équilibre qu'on tient tant à maintenir, en faisant la répartition des forces de chaque Etat, rien n'empêcherait encore de le faire. Et les diplomates se trouveraient prêts à s'occuper de ce travail. Il y a, du reste, assez longtemps que l'on dit et répète que les traités de 1815 n'existent plus que de nom, pour que l'on songe enfin sérieusement à les réviser.

Ce nonobstant, on ne pense pas que, même en

l'état actuel des choses dans le reste de l'Europe, l'annexion de la Toscane et des duchés de Parme et de Modène au royaume de Sardaigne, pour former, avec la portion de la Lombardie cédée à Villafranca, un Etat de second ordre, puisse nuire à l'équilibre établi. En effet, en même temps qu'on sanctionnerait la formation de cette nouvelle puissance, on réaliserait le projet déjà annoncé d'une confédération entre tous les Etats italiens. Et cette confédération, en cas de guerre, n'aurait qu'une armée et qu'un général en chef. Or, dès que l'armée fédérale devrait comprendre toutes les forces militaires disponibles, son importance numérique n'augmenterait ni ne diminuerait, quel que fût le nombre des gouvernements appelés à fournir un contingent. Ainsi, peu importerait que celui du nouveau royaume fût plus ou moins considérable.

Pourquoi donc tant s'inquiéter de fractionner la souveraineté de l'Italie? Ne serait-il pas au contraire beaucoup plus convenable de limiter autant que possible, dans ce pays, le nombre des têtes couronnées? Cette limitation ne faciliterait-elle pas la bonne intelligence et l'entente cordiale entre les gouvernements dans les diverses discussions relatives aux intérêts de la confédération? Et puisque, en cas de guerre, chaque prince devrait fournir son contingent à l'armée fédérale, qui ne serait conséquemment plus celle de tel ou tel Etat, mais uniquement celle de l'Italie entière, à quoi bon chercher à établir dans cette contrée, entre les différents cercles politiques, un soi-disant équilibre qui n'aurait plus aucune raison d'être vis-à-vis des autres puissances de l'Europe?

Nous irons plus loin, nous dirons hardiment que, quand bien même on ne parviendrait pas à organiser cette confédération, l'annexion des trois duchés dont il s'agit aux Etats-Sardes, loin de troubler l'équilibre européen, tendrait à le raffermir. En effet, par qui cet équilibre a-t-il été rompu en Italie depuis 1815? On l'a déjà dit : c'est par l'Autriche, dont la politique envahissante avait fini par asservir tous les souverains de ce pays, à l'exception du roi de Sardaigne. Car tous s'étaient inféodés à l'empire allemand, même la duchesse de Parme (1). Or, comment empêcher sûre-

(1) La vérité de cette assertion a été victorieusement prouvée dans le § 8 de la fameuse brochure intitulée : *L'empereur Napoléon III et l'Italie* (Paris, 1859. Didot, édit.). Après avoir nettement démontré la pression de l'Autriche sur le régime intérieur du royaume de Naples, l'auteur de cette brochure parle de la Toscane, et il dit que la domination autrichienne pèse sur ce pays comme sur Naples, et qu'elle y est aussi consacrée par un traité qui livre le grand-duché à l'empire. Il reconnaît ensuite que, pour que Florence redevienne italienne, il lui faut un *gouvernement national*. Concernant la duchesse de Parme, il avoue que, quoiqu'elle ait mieux résisté que les autres à l'influence autrichienne, elle s'est liée par les traités et par la politique comme tous les souverains de l'Italie centrale, et qu'elle *appartient à l'Autriche*. Quant au duc de Modène, il déclare franchement que c'est le *lieutenant avoué de l'Autriche*, et il rappelle le traité par lequel il donna le droit à l'empereur de tenir garnison dans son duché, puis il conclut en ces termes : « C'est ainsi qu'à Modène comme dans tous les « Etats de l'Italie où elle est établie, la domination autrichienne « entretient l'élément révolutionnaire qui ne pourrait être do- « miné et anéanti que par l'élément national. »

ment le retour d'un si funeste état de choses, sinon en extirpant autant que possible dans la péninsule l'élément autrichien pour y substituer l'élément national, c'est-à-dire le véritable élément italien? Et quelle famille princière pourra mieux représenter ce dernier élément que la Maison de Savoie, qui a déjà si noblement fait ses preuves? Aucune, bien certainement. Donc, précisément à l'effet de rétablir l'équilibre rompu, il importerait de remplacer la domination tout autrichienne du duc de Modène, du grand-duc de Toscane et de la duchesse de Parme, par le sceptre tout italien de Victor-Emmanuel II. D'ailleurs, si l'on veut que ce monarque puisse opposer à l'avenir une barrière efficace aux envahissements de la Maison de Habsbourg-Lorraine en Italie, on doit lui en fournir les moyens. En l'état, son royaume n'est pas assez fort pour cela. De fait, avec l'augmentation de territoire sanctionnée à Villafranca et à Zurich, il ne représente pas seulement huit millions d'habitants, et il n'acquiert pas une place forte. Et s'il se trouvait de nouveau en présence de l'Autriche restée maîtresse de Venise et des quatre forteresses lombardes, trônant à Modène et à Florence par l'entremise de ses archiducs, et tenant sous sa dépendance Parme et Naples, pourrait-il lutter avec avantage? Impossible. Il est donc indispensable d'accroître encore sa puissance et de la rendre telle qu'elle puisse toujours résister utilement à l'Autriche, réduite aux seules forces qu'elle peut avoir en Italie, pendant que cet empire aura des possessions dans la péninsule, et surtout pendant qu'il pourra disposer du fameux quadrilatère et de l'alliance du roi de Naples.

Mais la monarchie sarde est-elle digne de profiter de cette magnifique fortune?

On pourrait se contenter de faire observer qu'une semblable demande est tout au moins oiseuse, puisqu'on vient de démontrer la nécessité de l'agrandissement du royaume de Sardaigne dans l'intérêt du rétablissement et du maintien de l'ordre en Italie. Néanmoins, comme en écrivant ces lignes on a tenu essentiellement à dire la vérité et à la faire connaître sous toutes ses faces, on répondra encore. Seulement, un profond penseur ayant déjà posé et résolu la question il y a bientôt dix mois, on va emprunter sa réponse : elle clora dignement cet opuscule. Voici donc ses paroles : « La monarchie sarde, qui est la plus
« vieille de l'Europe, a dû jusqu'ici ses accroissements
« à sa prudence constante, à sa parfaite moralité, au
« soin avec lequel elle s'est toujours fièrement main-
« tenue dans les traditions du droit européen. Il n'en
« est pas qui représente mieux l'image du pouvoir,
« tel que la civilisation chrétienne le veut pour le
« réputer légitime. Cette monarchie est nationale; elle
« est née, elle s'est formée en même temps que la
« partie la plus avisée, la plus pratique et la plus
« forte de la péninsule italique ; elle est en outre sin-
« cèrement, ingénument patriarcale. Le machiavélisme
« a toujours été étranger à sa politique. Elle a suc-
« combé, elle n'a jamais cédé à la force. Elle a par-
« fois subi des tentatives de révolutions, mais elle a

« toujours été défendue par l'amour de ses sujets,
« encore plus que par les représailles de son énergie
« militaire ; et quand elle a triomphé des agitateurs,
« elle n'a jamais voulu tirer de la victoire un autre
« droit que celui de leur imposer, dans la limite du
« possible, les légitimes réformes d'une sage liberté.
« L'Europe a pu laisser infliger à la monarchie sarde
« d'indignes traitements, noblement supportés ; elle
« n'a pas à lui reprocher de l'avoir eu pour complice
« dans une seule de ses fautes. Et quant à l'Italie, elle
« sait que cette monarchie n'a jamais pactisé avec ses
« ennemis; elle sait que, toujours, cette monarchie a
« reçu les premiers coups des ennemis de l'Italie.
« L'autorité patriotique et morale de cet Etat dans la
« péninsule est si salutaire et si vive, que l'élément
« révolutionnaire lui-même ne peut pas s'en appro-
« cher sans perdre tout aussitôt sa maligne influence...
« L'agrandissement d'un pareil Etat n'est pas un de
« ces accidents immérités et fortuits qui troublent
« toujours la conscience des peuples ; c'est une des
« vertus de l'Italie parvenue à sa maturité d'effort.
« Elever la monarchie sarde, c'est satisfaire la morale
« politique, et laisser un exemple de plus de cette
« vérité, à savoir : qu'il est, pour parvenir à une haute
« puissance, d'autres voies que celles de la violence
« et de l'astuce (1). »

(1) *Italie et France.* Paris, 1859. Henri Plon, édit. Appendice, fin de la note III.

DOCUMENTS JUSTIFICATIFS

I.

Texte original du Diplôme de Charles-Quint

*établissant l'ordre de succession
dans la souveraineté du duché de Milan
et de ses dépendances.*

CAROLUS V,

DIVINA FAVENTE CLEMENTIA ELECTUS ROMANORUM IMPERATOR SEMPER AUGUSTUS, AC REX GERMANIÆ, CASTELLÆ, ARAGONIÆ LEGIONIS, UTRIUSQUÆ SICILIÆ. ETC.

Ad futuram rei memoriam. Recognoscimus pro Nobis, et nostris in Imperio Successoribus, et notum facimus harum serie universis : quod cum superioribus annis Illustris quondam Franciscus Secundus Sfortia Mediolani Dux, quem paulo ante in universum Dominium, et Statum Mediolani Dei auspiciis in Nostrum Sacri Imperii Jus, et

Potestatem armis nostris juste, ac legitime receptum restitueramus, et in feudum illi contuleramus, nullo hærede feudi capace post se relicto, sic Deo disponente in fata concesserit, eaque de causa ipso Statu, et Dominio Mediolanensi ad Nos, et Sacrum Romanum Imperium pleno jure devoluto, ut ejus securitati, et simul Sacri Imperii juribus, atque adeo totius Italiæ paci opportune consuleretur, quod fieri nullo modo posse, jam tum experientia edocti cernebamus, nisi Status ille tali committeretur, qui jus Imperii, et suum, viribus, et potentia, ubi opus esset, tueri, atque defendere posset; cum omnibus circumspectis nullum alium magis commodum ad eam rem, et Statum inveniremus, jam dictum Statum, et Dominium Mediolani, et Comitatus Papiæ, et Angleriæ Serenissimo Principi Domino Philippo Principi Hispaniarum, Archiduci Austriæ, Duci Burgondiæ, Mediolani etc. Principi, et Filio Nostro charissimo in Feudum contulimus, et dilectionem suam de illo investivimus tanquam eum, qui nobis merito præ cæteris gratus esset, et quem ad defensionem præfati Status, et Jurium Sacri imperii in eo ex causis prænarratis merito magis idoneum judicassemus; quemadmodum ex litteris super ea re expeditis apparet. Quoniam autem non minus sollicite curandum est, quibus rationibus, quæ immenso sumptu, et labore parta sunt, conserventur, id vero potissimum in eo consistere judicemus, si futuris contensionibus, et differentiis, quæ inter successores oriri possent, omnis occasio præcludatur. Proinde operæ prætium visum est in ipso Statu Mediolani certam succedendi rationem, et formam, ex nunc constituere, quo nimirum ille cum suis omnibus appertinentiis in omne ævum integer, et indivisus permaneat, ac neque successorum pluralitate, neque competitorum ambitione, ac contentione distrahi, atque discerpi quandoque possit. Quapropter motu proprio, non per errorem, aut improvidentiam, sed animo bene deliberato, sano, et maturo Procerum Nostrorum, et Imperii Sacri Fidelium accedente consilio, præfatique Serenissimi Principis Filii Nostri charissimi consensu, et voluntate nostra, ac de plenitudine potestatis harum litterarum serie, ac vigore decernimus, ordinamus atque statuimus hoc Imperiali Edicto perpetuo valituro, quod in prædicto Statu, et Dominio Mediolani, Comitatibus Papiæ, et Angleriæ, cum universis eorum juribus, et pertinentiis, ex hoc tempore in antea perpetuis futuris temporibus succedat, et succedere debeat præfati Serenissimi Filii Nostri Hispaniarum Principis primogenitus masculus legitimus, ex eo descendens, ejusdemque primogeniti primogenitus masculus legitimus, et sic ordine successivo de primogenito in primogenitum masculum descendentem usque in infinitum. Deficientibus autem primogenitis masculis succedat, et succedere debeat in prædicto Ducatu, et Statu Mediolani, Comitatibusque Papiæ, et Angleriæ, cum eorum pertinentiis secundogenitus masculus legitimus, ejusdemque secundogeniti primogenitus masculus legitimus, et ab eo descendentes masculi primogeniti usque in infinitum, quando aliquis masculus superstes fuerit, illud idem intelligendo de tertio, et quartogenitis masculis ordine primogenituræ semper salvo, et servato. Deficiente vero linea masculina succedat, et succedere debeat in dicto Mediolanensi Dominio, et Comitatibus Papiæ, et Angleriæ, cum eorum pertinentiis filia primogenita, ejusdemque primogenitæ primogenitus masculus, ejusque descendentes masculi ordine supradicto usque in infinitum, atque eadem lex, idemque ordo successionis intelligatur, et servetur in secundo, tertio, et quartogenitis filiabus, earumque descendentibus primogenitis, itaut alii filii, aut filiæ nullum jus prætendere possint ad dictos Ducatum, et Comitatus, sed solum alii fratres, et descendentes masculi legitimi habeant, et habere possint, et percipiant ab ipsis primogenitis alimenta condecentia juxta gradus dignitatem; filiabus vero, si quas habere contigerit, easque nuptui tradi, de condecente dote (prout gradus earum, et conditio requirit) prospiciatur, et honesta sustentatione alantur, quibus ita præstitis, decernimus ipsos, et ipsas debere tacitos, et tacitas, atque contentos, et contentas esse, ipsis super cæteris, quæ successionem hujusmodi Ducatus, Dominii, et Status Mediolani, et Comitatuum, ac pertinentiarum prædictarum concernunt, perpetuum silentium imponentes. Quæ quidem omnia præmissa facimus, constituimus, ordinamus, et sancimus motu proprio, consilio, scientia, authoritate, et potestate supradictis, eaque perpetuo firma, et valitura decernimus non obstante lege, et forma prædictæ Nostræ Investituræ præfato Serenissimo Filio Nostro Philippo Hispaniarum Principi concessæ, ac non obstantibus quibusvis aliis investituris per nos, aut Divos Prædecessores Nostros Romanorum Imperatores, et Reges Augustæ memoriæ illustribus quondam Mediolani Ducibus sub quacumque verborum forma concessis, sive etiam donatione, et investitura nostra primæva, ipsi Serenissimo Filio Nostro collata, naturave ipsius feudi Ducatus, et Comitatuum prædictorum, necnon Legibus, Constitutionibus, consuetudinibus feudorum Decretis tam Mediolanensis Dominii, quam aliis statutis, privilegiis, concessionibus tam generalibus, quam particularibus, et aliis in contrarium facientibus quibuscumque, etiamsi talia forent, quæ hic de verbo ad verbum inserere oporteret, aut de eis facere mentionem specialem, quibus omnibus, et singulis eorum tenorem hic pro insertis, et sufficienter expressis habentes, et haberi volentes, quatenus obstarent, seu quovis modo obstare possint huic Nostræ constitutioni, ordinationi, dispositioni,

atque decreto pro hac vice, et ad hunc effectum duntaxat
expresse derogamus, et derogatum esse volumus scientia,
authoritate, et potestate prædictis, supplentes omni tam
juris, quam facti, et cujusvis solemnitatis tam intrinsecæ,
quam extrinsecæ, aut formalis, quæ servari debuisset, et
non esset servata, et alii cuicumque defectui, qui in præmissis quovis modo intervenisset, aut intervenisse dici, seu
allegari posset, Nostra tamen, et Imperii Sacri superiori-
tate, et Feudali obsequio semper salvis, et hac lege adjecta,
ut cuicumque in præfato Ducatu, et Statu Mediolani, Comitatibusque Papiæ, et Angleriæ successerit, sive masculus,
sive fœmina fuerit, quod is, vel illa eosdem Ducatum, et
Comitatus a Nobis, et Successoribus Nostris Romanorum
Imperatoribus, et Regibus masculi quidem per se, fœmina
vero mediante persona legitimi Procuratoris, aut Feudo-
geruli ad gerendum, et deserviendum feudum apti, et ido-
nei in feudum recognoscere, investituram, quoties casus
postulaverit, petere, et debitum fidelitatis, et homagii jura-
mentum præstare teneatur. Nulli ergo omnino hominum
liceat hanc nostræ Constitutionis, Ordinationis Decreti,
derogationis, suppletionis, voluntatis, et præcepti paginam
infringere, aut ei quovis ausu temerario contraire, aut
contra præmissa, vel aliquod eorum facere, vel venire
quovis quæsito colore, ingenio, seu prætextu; si quis autem secus attentare præsumpserit, Nostram, et Imperii
Sacri indignationem gravissimam, ac pœnam decem millium
marcharum auri puri, toties quoties contrafactum fuerit,
se noverit eo ipso incurrisse, quarum dimidiam Imperiali
Fisco, seu Ærario Nostro, reliquam vero dimidiam parti
læsæ decernimus absque ulla remissione applicandam ratis
nihilominus, ac in suo robore, et vigore manentibus omnibus dispositionibus Nostris præmissis harum testimonio
litterarum manu Nostra subscriptarum, et Bullæ Nostræ

aureæ appensione munitarum. Datum in Oppido Nostro Bruxellensi Ducatûs nostri Brabantiæ, die duodecima mensis Decembris, Anno Domini millesimo quingentesimo quadragesimo nono, Imperii nostri trigesimo, et Regnorum nostrorum trigesimo quarto.

II.

Arbre Généalogique

représentant la descendance masculine et féminine de Philippe II, roi d'Espagne.

(Voir ci-contre page 103.)

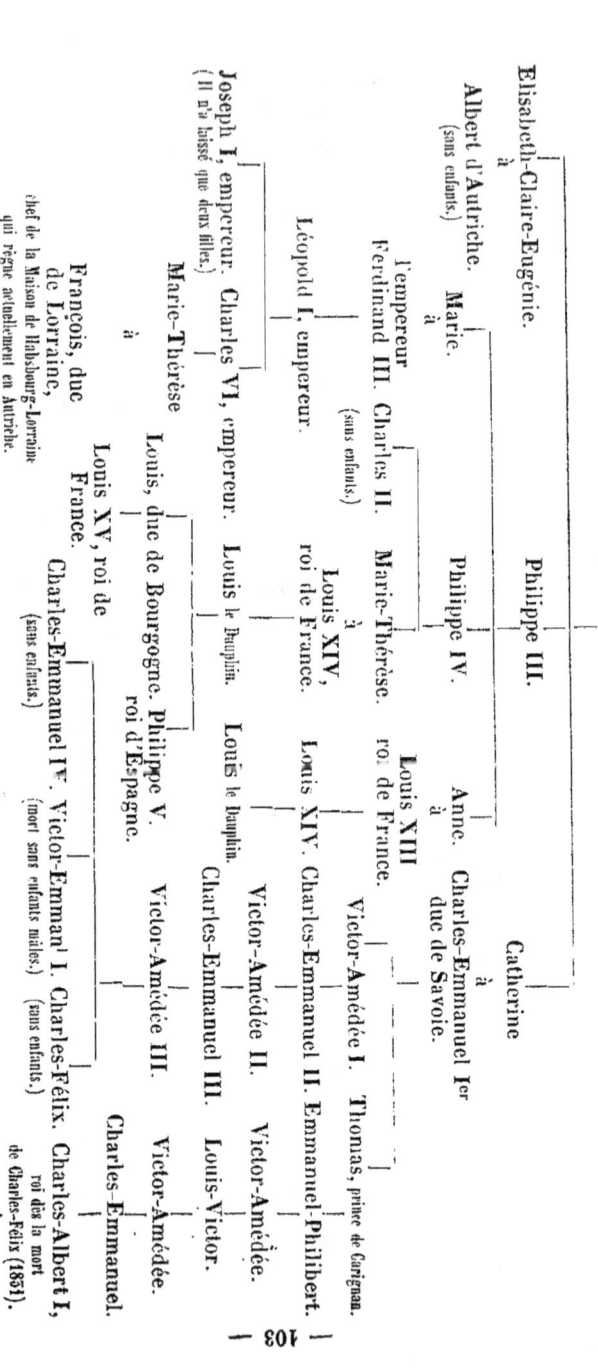

www.ingramcontent.com/pod-product-compliance
Lightning Source LLC
Chambersburg PA
CBHW070523100426
42743CB00010B/1926